GRIDMAN UNIVERSE

GRIDMAN UNIVERSE HEROINE ARCHIVE

グリッドマン ユニバース ヒロインアーカイブ

CONTENTS

003

OFFICIAL ILLUSTRATION GALLERY

オフィシャルイラストギャラリー

グリッドマン ユニバース ヒロインアーカイブ カバー
原画＝中村真由美
仕上げ＝入江千尋、野口幸恵
検査＝武田仁基
特効＝齋藤 睦（グラフィニカ）

2　劇場総集編 SSSS.DYNAZENON キービジュアル
原画／美術写真撮影＝中村真由美
仕上げ＝武田仁基
美術レタッチ＝権瓶岳斗
特効＝齋藤 睦（グラフィニカ）
撮影＝志良堂勝規（グラフィニカ）

1　劇場総集編 SSSS.GRIDMAN キービジュアル
原画／美術写真撮影＝中村真由美
仕上げ＝入江千尋
検査＝武田仁基
美術レタッチ＝権瓶岳斗
特効＝齋藤 睦（グラフィニカ）
撮影＝志良堂勝規（グラフィニカ）

2 | 1

2 グリッドマン ユニバース キービジュアル
原画＝坂本 勝、雨宮 哲
3DCG＝市川孝次（グラフィニカ）
仕上げ＝駒田法子
検査＝武田仁基
美術＝権瓶岳斗
特効＝齋藤 睦（グラフィニカ）

1 グリッドマン ユニバース ティザービジュアル
原画＝坂本 勝
3DCGアニメーター＝市川孝次（グラフィニカ）
仕上げ＝武田仁基
特効＝齋藤 睦（グラフィニカ）

2 | 1

ゲマくじ 描き下ろしイラスト
原画＝安部 葵
仕上げ＝武田仁基
特効＝鳴河美佳（グラフィニカ）

アニメ・ゲーム・キャラクターの総合ネットショップ「eeo store」にて
『SSSS.GRIDMAN』・『SSSS.DYNAZENON』商品を取扱中です！
https://eeo.today/store/101/

2 TSUTAYA雑貨
原画 = 大谷彩絵
仕上げ = 駒田法子
検査 = 武田仁基
特効 = 齋藤 睦（グラフィニカ）

1 A3 クリスマスコスチューム描き下ろしイラスト
原画 = 波賀野義文
仕上げ = 入江千尋
検査 = 武田仁基
特効 = 齋藤 睦（グラフィニカ）

2 | 1

DRINK ME

TSUTAYA雑貨
原画＝安部 葵
仕上げ＝武田仁基
美術＝権瓶岳斗
特効＝齋藤 睦（グラフィニカ）

アルテミス WEBくじ
原画＝郡安俊兵
仕上げ＝武田仁基
特効＝齋藤 睦（グラフィニカ）

〔 ZOZOTOWN 〕 https://zozo.jp/
〔 NOWHEREBOY 〕 https://nowhereboy.tokyo/

NOWHEREBOY Tee
イラスト＝中村真由美

〔 LISTLESSアパレルコレクション公開中 〕(2023年8月時点)
https://shop.gyft-shibuya.com/?mode=cate&cbid=2830325&csid=0

2 LISTLESS アパレルコレクション
原画＝千葉一希
仕上げ＝武田仁基
美術＝権瓶岳斗
特効＝齋藤 睦（グラフィニカ）

1 LISTLESS アパレルコレクション
原画／背景＝千葉一希
仕上げ＝武田仁基
特効＝齋藤 睦（グラフィニカ）

2 | 1

クオリティ・コンフィデンス WEBくじ
原画＝坂本 勝
仕上げ＝武田仁基
特効＝齋藤 睦（グラフィニカ）

2 GRANT design 雑貨
原画＝清田千萌
仕上げ＝駒田法子
検査＝武田仁基
美術＝権瓶岳斗
特効＝齋藤 睦（グラフィニカ）

1 GRANT design 雑貨
原画＝髙木麻穂
仕上げ＝入江千尋
検査＝武田仁基
美術＝権瓶岳斗
特効＝齋藤 睦（グラフィニカ）

2 | 1

web pon × くじ メイト
原画＝佐藤皓宏
仕上げ＝武田仁基
特効＝齋藤 睦（グラフィニカ）

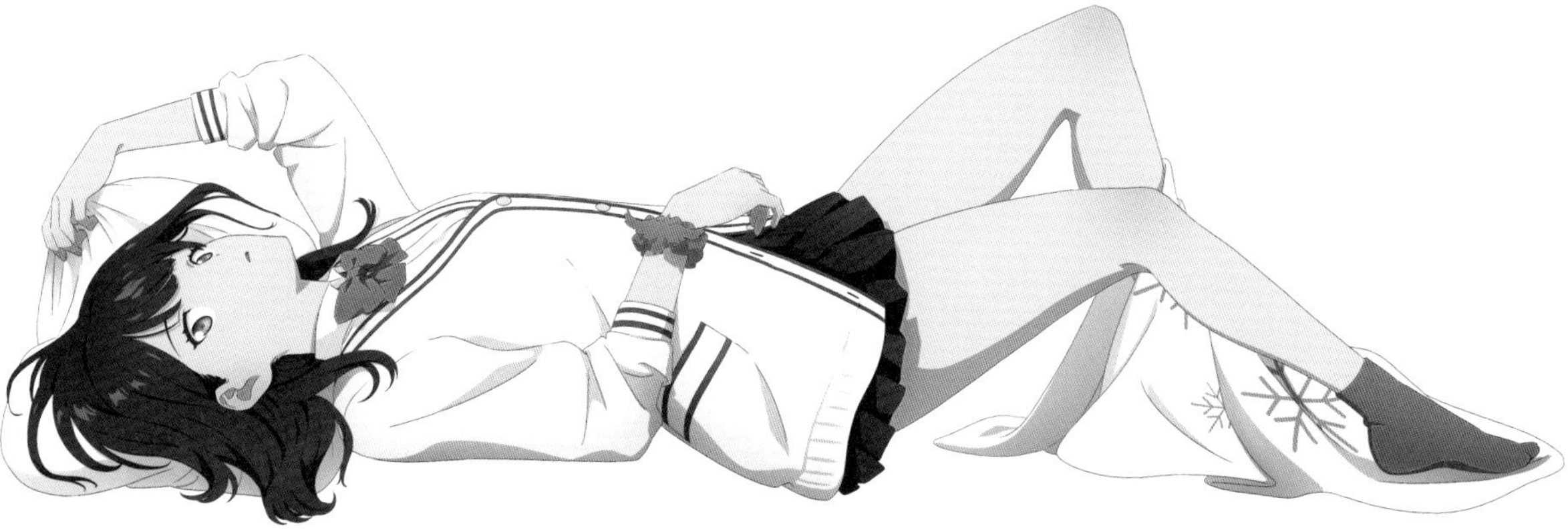

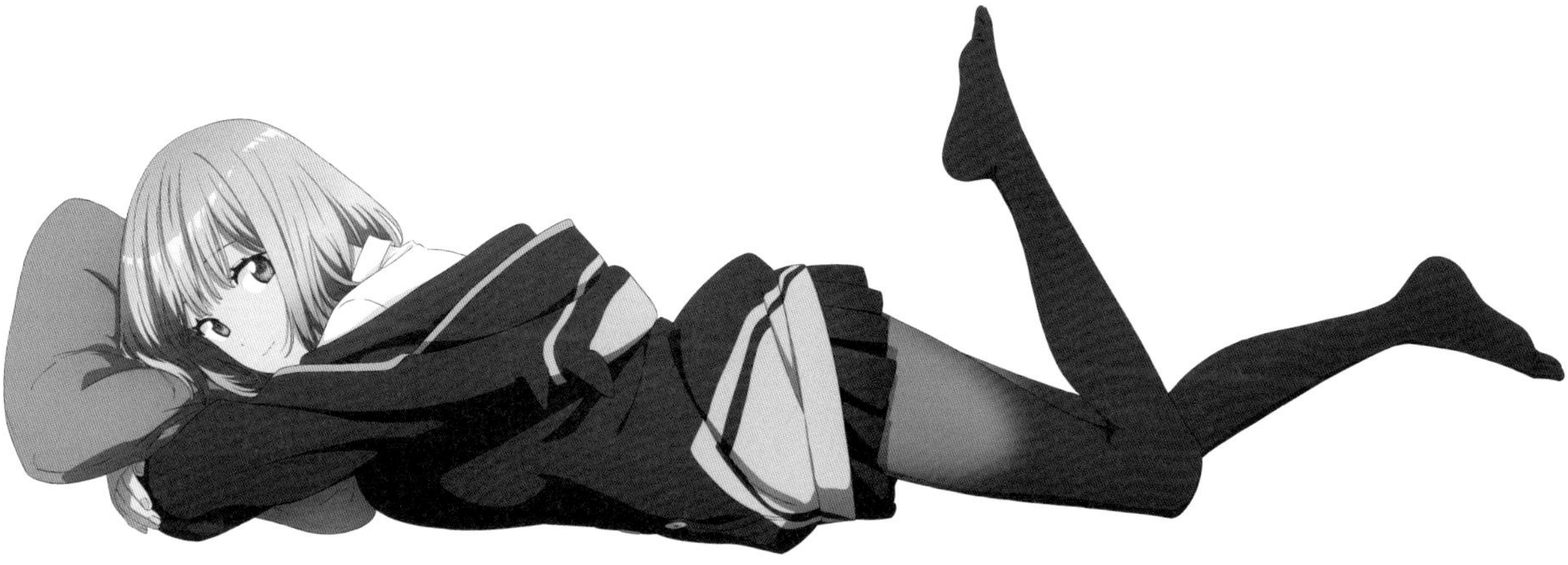

2 コンテンツシード WEBくじ
原画＝田村瑛美
仕上げ＝駒田法子
検査＝武田仁基
特効＝齋藤 睦（グラフィニカ）

1 コンテンツシード 雑貨
原画＝佐倉みなみ
仕上げ＝武田仁基
特効＝齋藤 睦（グラフィニカ）

2 | 1

雑貨
イラスト = kojipero

サイバーネット WEBくじ
イラスト＝tarou2

1 サイバーネット SSSS.BIRTHDAY
原画＝福澤美琴
仕上げ＝入江千尋
検査＝武田仁基
特効＝齋藤 睦（グラフィニカ）

2
3
1

3 MAX TOY JAPAN 商品パッケージ
イラスト＝荒井洋紀

2 宝多六花·新条アカネ可動プラスチックモデルキットパッケージ
原画＝坂本 勝
仕上げ＝入江千尋
検査＝武田仁基
美術＝権瓶岳斗
特効＝齋藤 睦（グラフィニカ）

2 ティーム・エンタテインメント WEBくじ
原画＝小堀史絵
仕上げ＝武田仁基
特効＝齋藤 睦（グラフィニカ）

1 ディ・テクノ WEB&店頭くじ
原画＝佐倉みなみ
仕上げ＝駒田法子
検査＝武田仁基
特効＝齋藤 睦（グラフィニカ）

2 | 1

ティーム・エンタテインメント WEBくじ
原画＝菅野一期
仕上げ＝入江千尋、入江 鯉
検査＝武田仁基
特効＝齋藤 睦（グラフィニカ）

2 モーリーオンラインスクラッチくじ
原画＝西原恵利香
仕上げ＝田中千春
検査＝武田仁基
特効＝齋藤 睦（グラフィニカ）

1 ティーム・エンタテインメント WEBくじ
原画＝菅野一期
仕上げ＝入江千尋、入江 鯉
検査＝武田仁基
特効＝齋藤 睦（グラフィニカ）

2 | 1

モーリーオンラインスクラッチくじ
原画＝井川典恵
仕上げ＝武田仁基
特効＝齋藤 睦（グラフィニカ）

ディアブロ WEBくじ
イラスト＝半田修平

2 Reバース for youブースターパック
『SSSS.DYNAZENON』
原画＝大谷 彩絵
仕上げ＝武田仁基
特効＝齋藤 睦（グラフィニカ）

1 撮り下ろしアート写真展「INHERITANCE UNIVERSE」
原画＝大成麻子
仕上げ＝上塚明貴彦（Be Loop）
検査＝武田仁基
特効＝久保田 彩（グラフィニカ）

2 | 1

2 メディコス・エンタテインメント 雑貨
原画 = 西原恵利香
仕上げ = 武田仁基
特効 = 齋藤 睦（グラフィニカ）

1 マリオンクレープ広告
イラスト = kojipero

2 | 1

2　『メガミマガジン』2022年9月号
原画＝坂本 勝
仕上げ＝武田仁基
美術＝権瓶岳斗
特効＝齋藤 睦（グラフィニカ）

1　AnimeJapanショッパー
原画＝斉藤健吾
仕上げ＝田中千春
検査＝武田仁基
特効＝齋藤 睦（グラフィニカ）

2 | 1

2 『メガミマガジン』2023年4月号
原画／特効＝中村真由美
仕上げ＝入江千尋
検査＝武田仁基
美術＝権瓶岳斗

1 『メガミマガジン』2023年5月号
原画＝坂本 勝
仕上げ＝入江千尋
検査＝武田仁基
特効＝齋藤 睦（グラフィニカ）

2 | 1

『メガミマガジン』2023年6月号
原画＝郡安俊兵
仕上げ＝武田仁基
美術＝權瓶岳斗
特効＝齋藤 睦（グラフィニカ）

055

CHARACTER DESIGN & STORY DIGEST

設定紹介＆ストーリープレイバック

CHARACTER PROFILE

宝多六花

cv. 宮本侑芽

かつての怪獣との戦いで、裕太＝グリッドマンをサポートした高校生。態度はクールで気だるげだが、心根は優しく、敵となった友人アカネと粘り強く対話を試み、彼女の心を救った。戦いのあと2年生に進級しており、理系クラスのF組に在籍。さまざまな経験を経たことで、以前よりも落ち着きが増している。

人々が怪獣関連の記憶を失っているなか、彼女と友人の内海はすべてをおぼえていた。学園祭の演劇で台本担当になった際に、アカネのことを皆に伝えようとグリッドマンとの出来事を題材に選択。しかし、周囲から「リアリティがない」と言われて思い悩む。また、兄の下宿を訪ねていることを誤解され、年上の彼氏がいるという噂が広まってしまう。グリッドマンだったときの記憶が欠けている裕太のことを言葉にはしないものの気にかけており、彼が再び怪獣と戦うことになってからは、心配そうな表情をたびたび見せていた。後に裕太に告白され、晴れて付き合うこととなる。

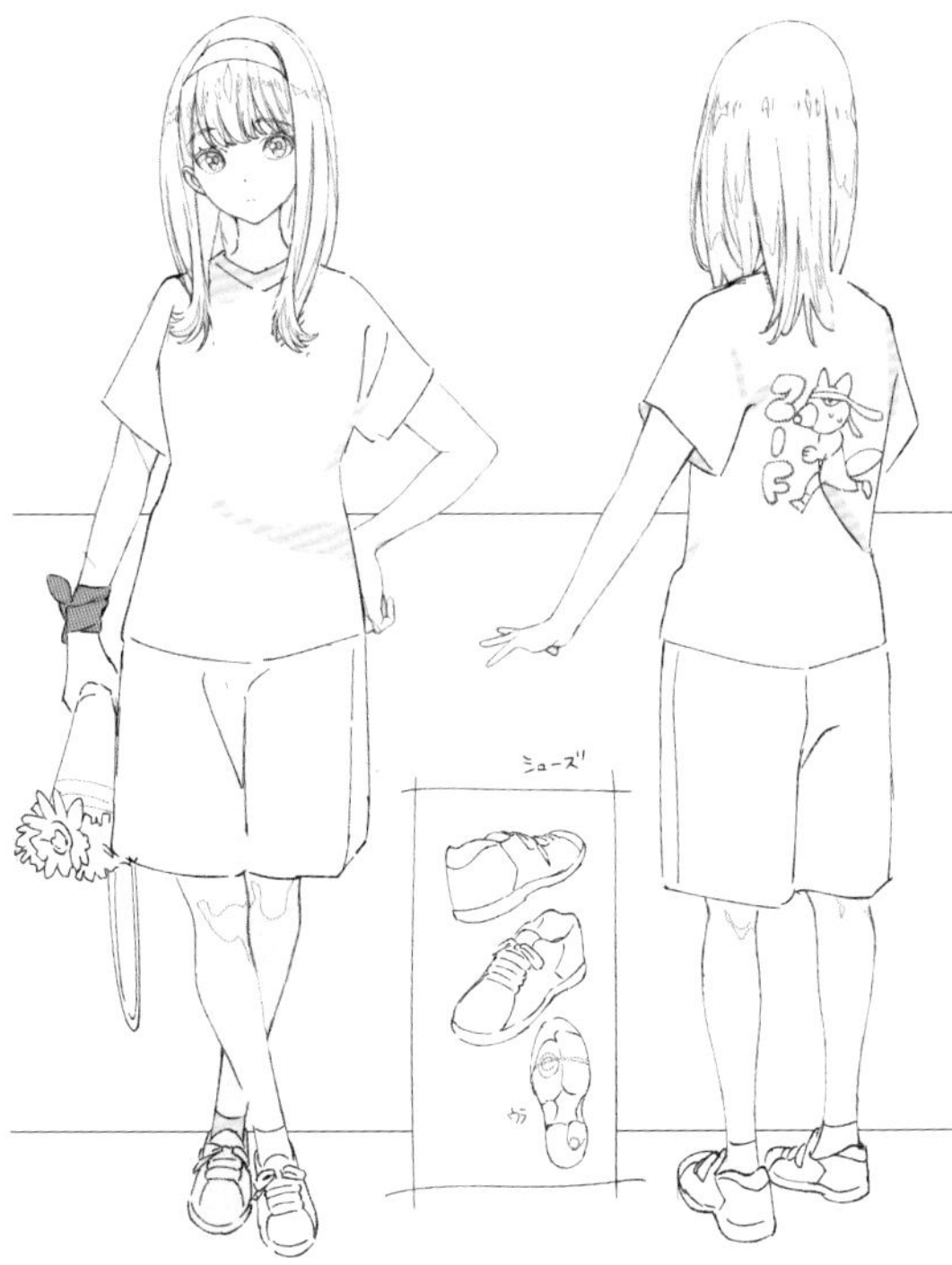

体操服

球技大会のときの体操服。クラスごとに、Tシャツ、ハチマキの色とプリントが異なる。パンツはハーフとロングがあり、六花はハーフを選択。

学園祭衣装

2年F組の学園祭用Tシャツ。クラス名は入っておらず、演目である「グリッドマン物語」のほうを前面に押し出したデザインになっている。

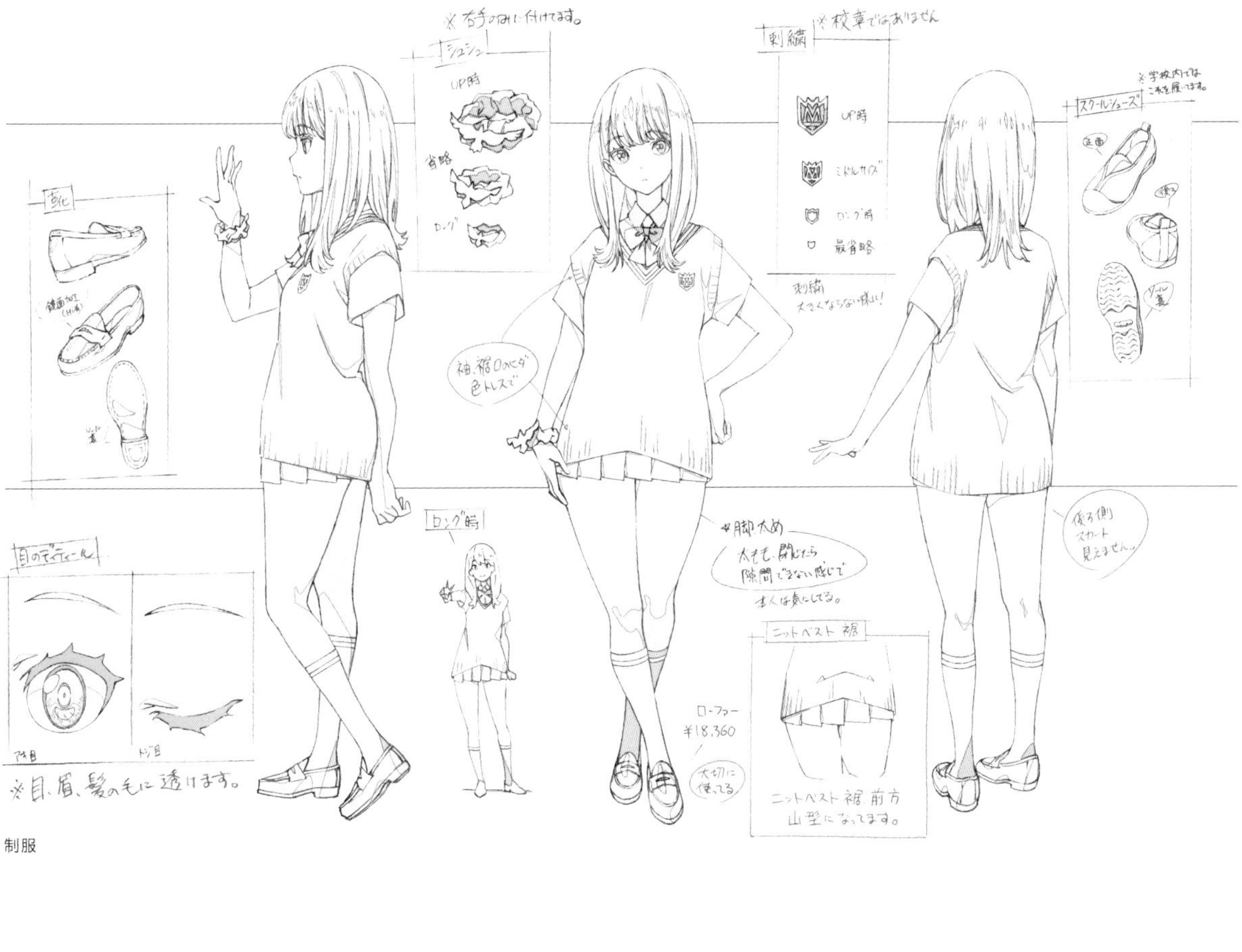

制服

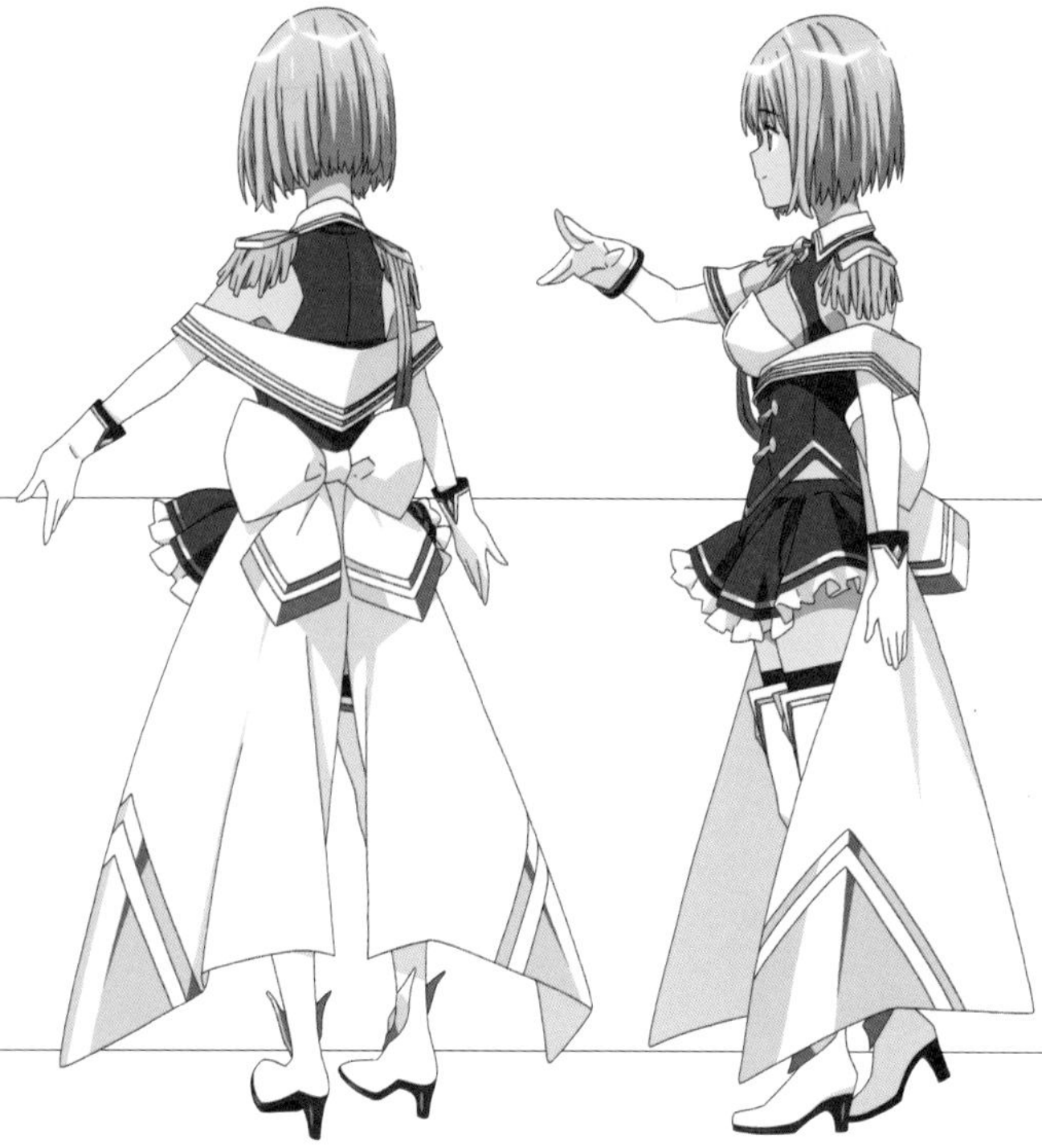

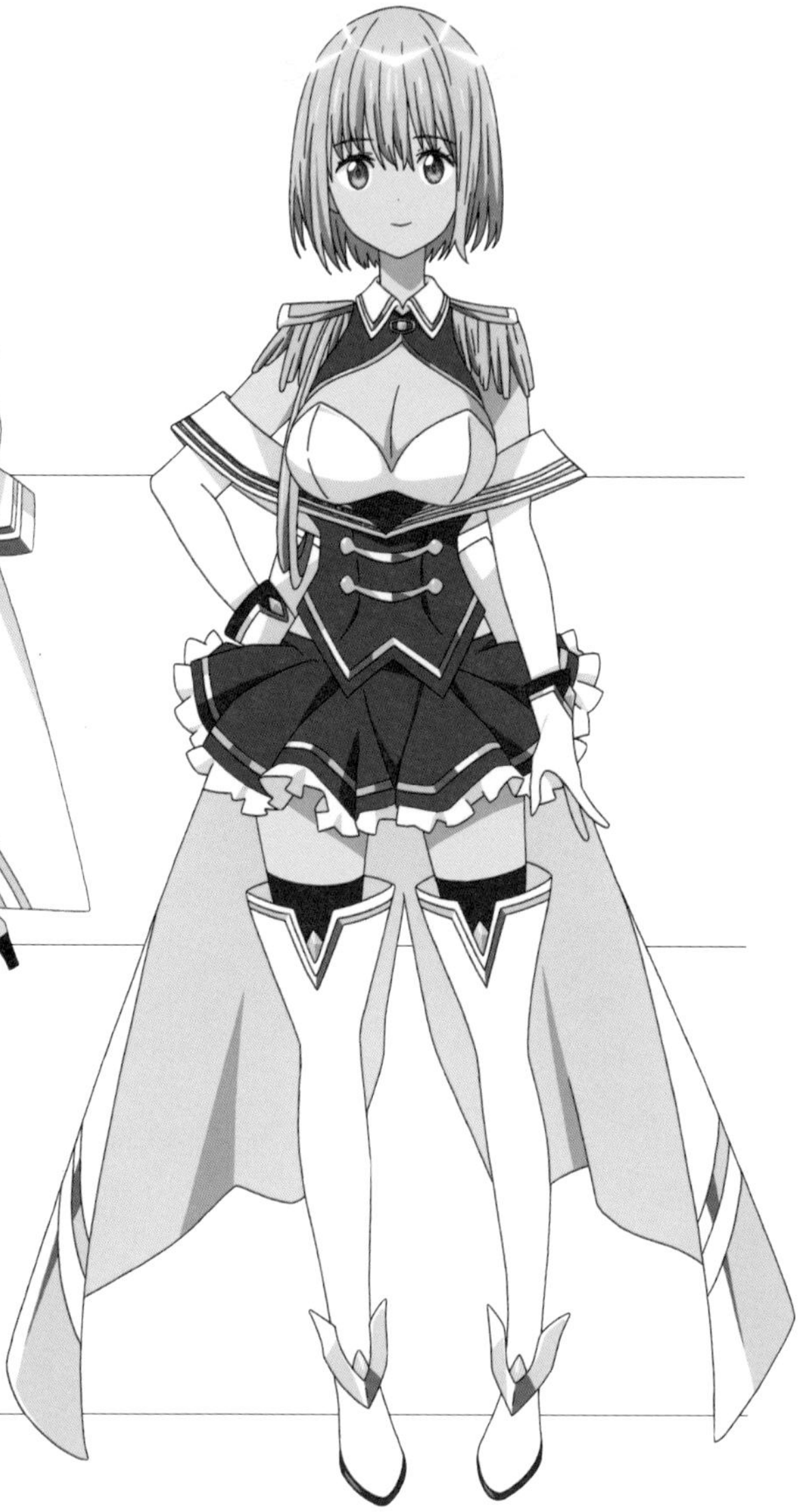

CHARACTER PROFILE

新条アカネ

CV. 上田麗奈

裕太たちがいるコンピュータ・ワールドを創造した高校生。自作の世界に引きこもり、鬱憤を晴らすために怪獣を作って暴れさせていたが、六花たちとの交流を経て現実に帰る決断をした。帰還後は、学校の友人と町のゴミ拾いを行うなど前向きに生きている。

コンピュータ・ワールドには戻らないつもりだったが、六花たちの危機を察知して救援を決意。皆を守るため、「怪獣は人間が操作するものではない」というこだわりを曲げて、不死の力を持つアレクシス・ケリヴを操り、敵に対抗する。他にも、ちせを介して味方の怪獣ゴルドバーンを強化するなど、創造主としての力を用いて裕太たちを支援。この世界では神のような存在であるため、常に余裕がある態度を崩さないが、かつて辛く当たったナイト（アンチ）と再会したときだけは、申しわけなく思う気持ちを滲ませていた。すべてが終わったあと、親友の六花にほんのわずかだけ触れて、現実世界に帰還する。

怪獣を制御する技「インスタンス・ドミネーション」をアレクシス・ケリヴに用い、彼を操縦するようにして戦った。

かつて、命を与えた末に見捨ててしまったナイト（アンチ）と再会。自身の生に満足していると語る彼を優しく掻き抱いた。

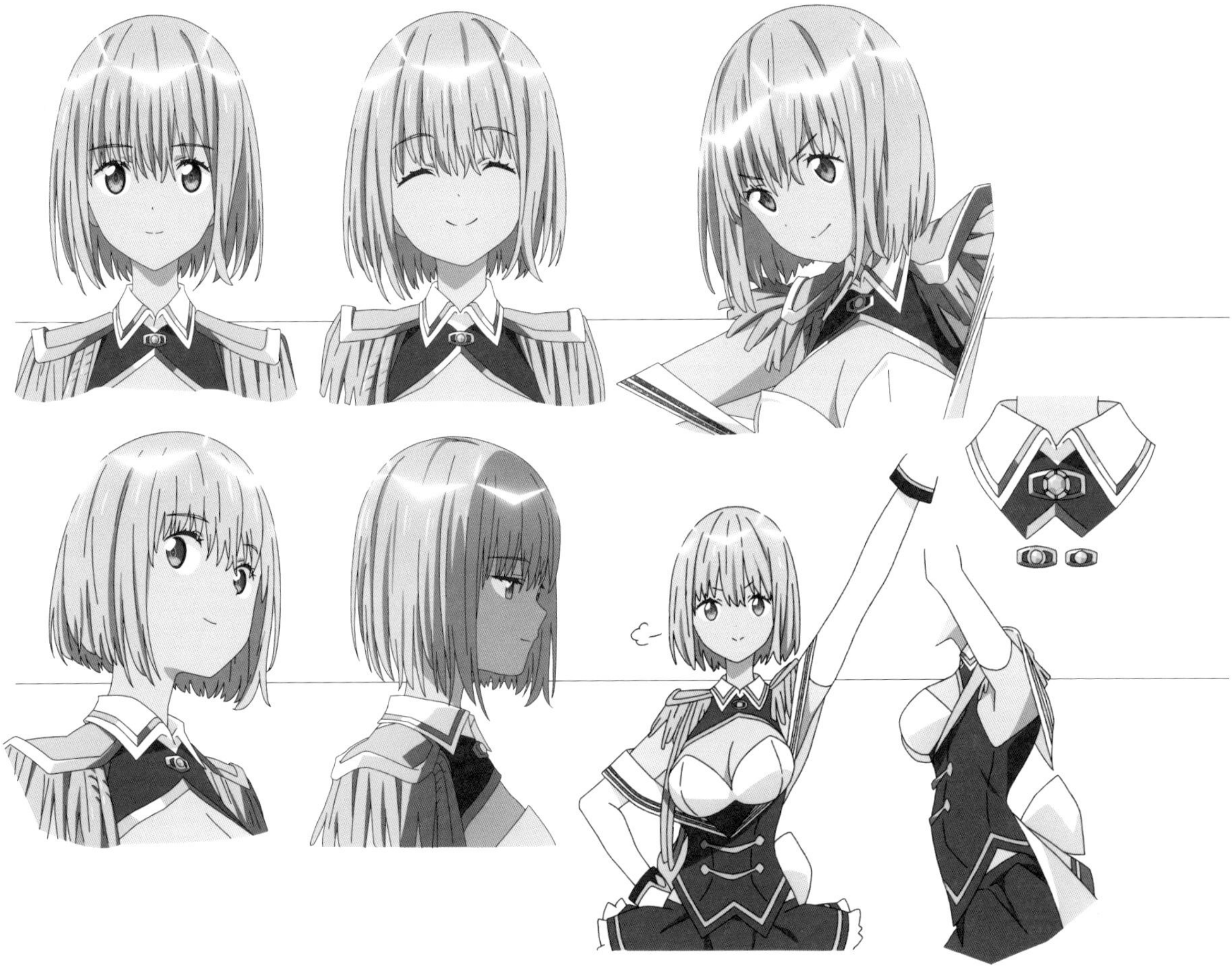

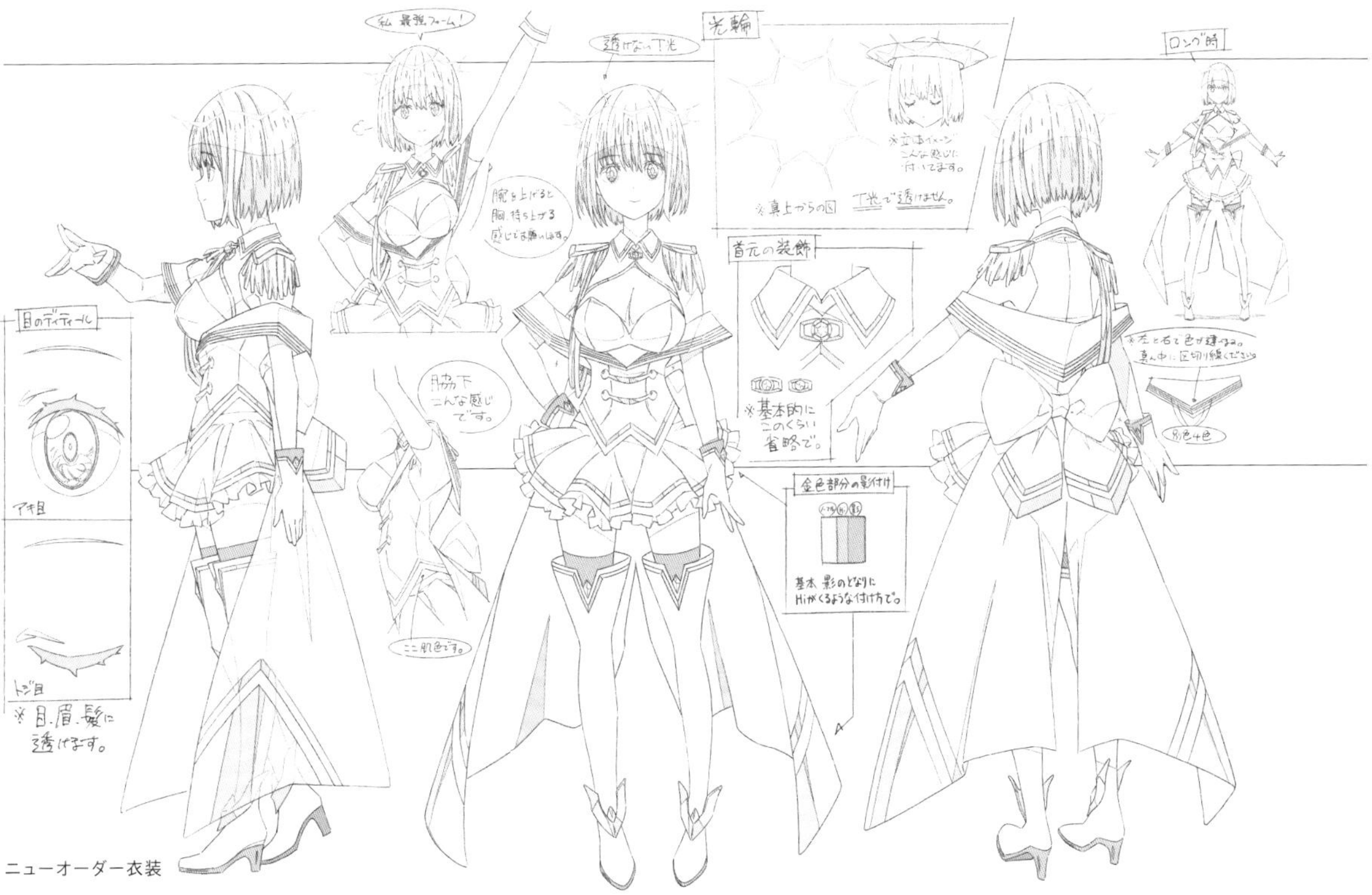
私 最強フォーム！
透けない T光
光輪
※立体イメージ
こんな感じに
付いてます。
※真上からの図
T光で透けません。
ロング時
腕を上げると
胸、持ち上げる
感じでお願いします。
首元の装飾
※基本的に
このくらい
省略で。
目のディティール
アキ目
トジ目
※目、眉、髪に
透けます。
脇下
こんな感じ
です。
ここ肌色です。
金色部分の影付け
基本 影のとなりに
Hiがくるような付け方で。
※左と右で色が違います。
真ん中に区切り線ください。
別色4色

ニューオーダー衣装

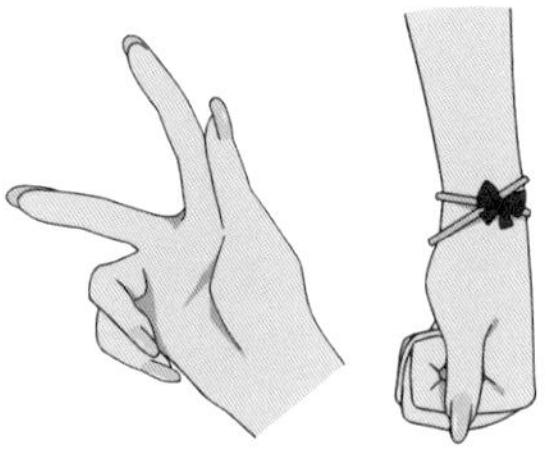

CHARACTER PROFILE

南 夢芽

cv. 若山詩音

裕太たちのコンピュータ・ワールドとは別の世界で、合体ロボット・ダイナゼノンに搭乗して怪獣に立ち向かった高校生。ともに戦った蓬と付き合い始めて楽しい日々を送っていたが、異変の影響で裕太たちの世界に転移してしまい、六花の家で寝泊まりすることになる。以前は非社交的だったが、さまざまな経験を経たことでコミュニケーション能力が向上。初対面の相手とも普通に話せるようになっており、六花たちとも良好な関係を築く。

本人たちは知らなかったことだが、じつは彼女たちがいた世界はグリッドマンの想像力の産物であり、異変のさなか、グリッドマンの意識が失われたことで、ダイナゼノンの仲間たちとともに消滅してしまう。しかし、後に回復したグリッドマンに対してアレクシス・ケリヴが能力を用い、彼女たちの世界を再び実体化させたことで復活。ダイナゼノンに乗り込み、グリッドマンとともに敵怪獣と戦う。決戦後は再生した自分たちの世界に戻った。

蓬に告白されて交際を始めた。関係は非常に良好で、彼が近くにいるときは、大体いつも彼と話をしている。

以前に比べて感情表現も豊かになった。自分の世界に帰る際、蓬に自宅に誘われて、かつてない表情を見せた。

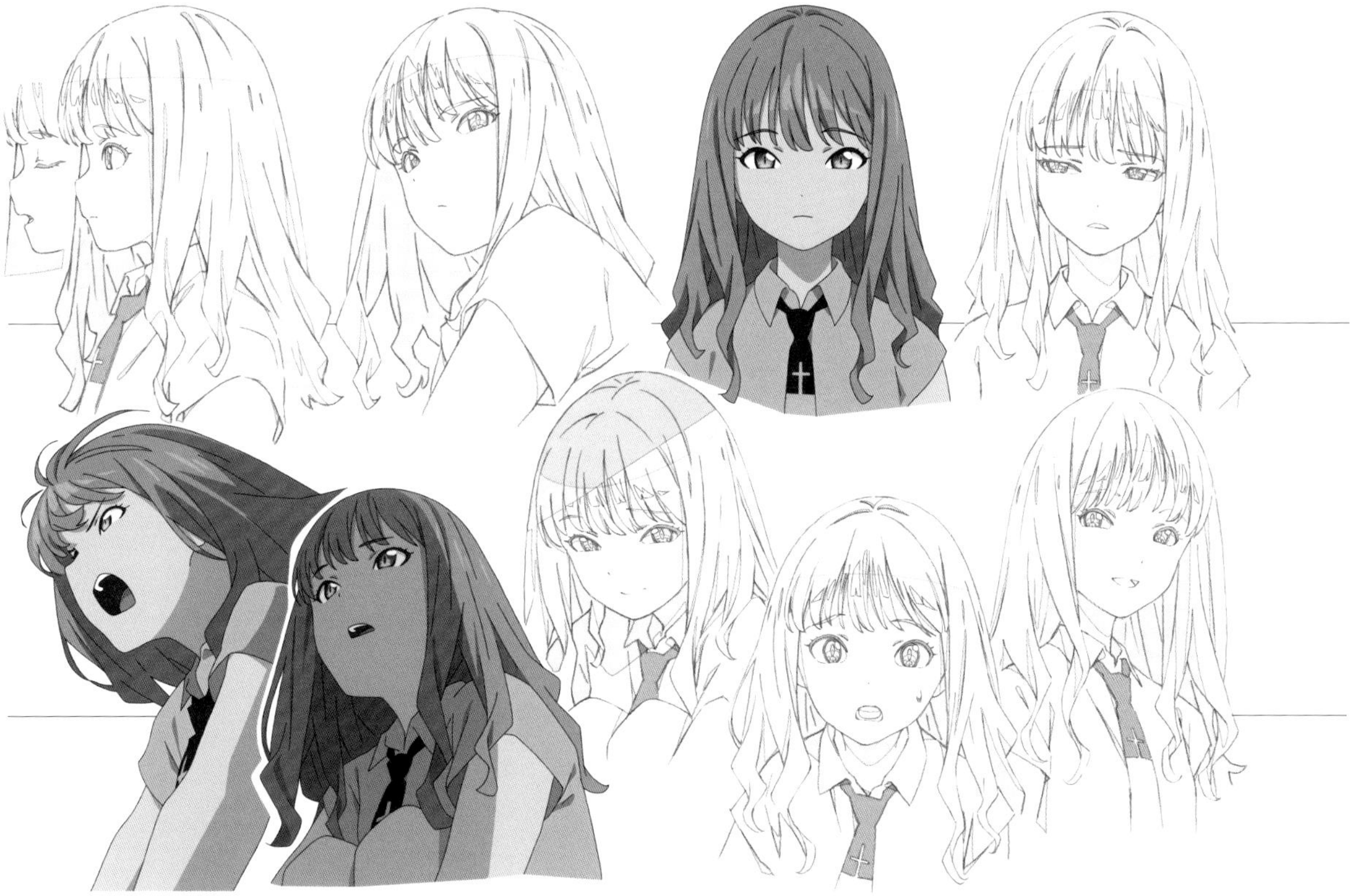

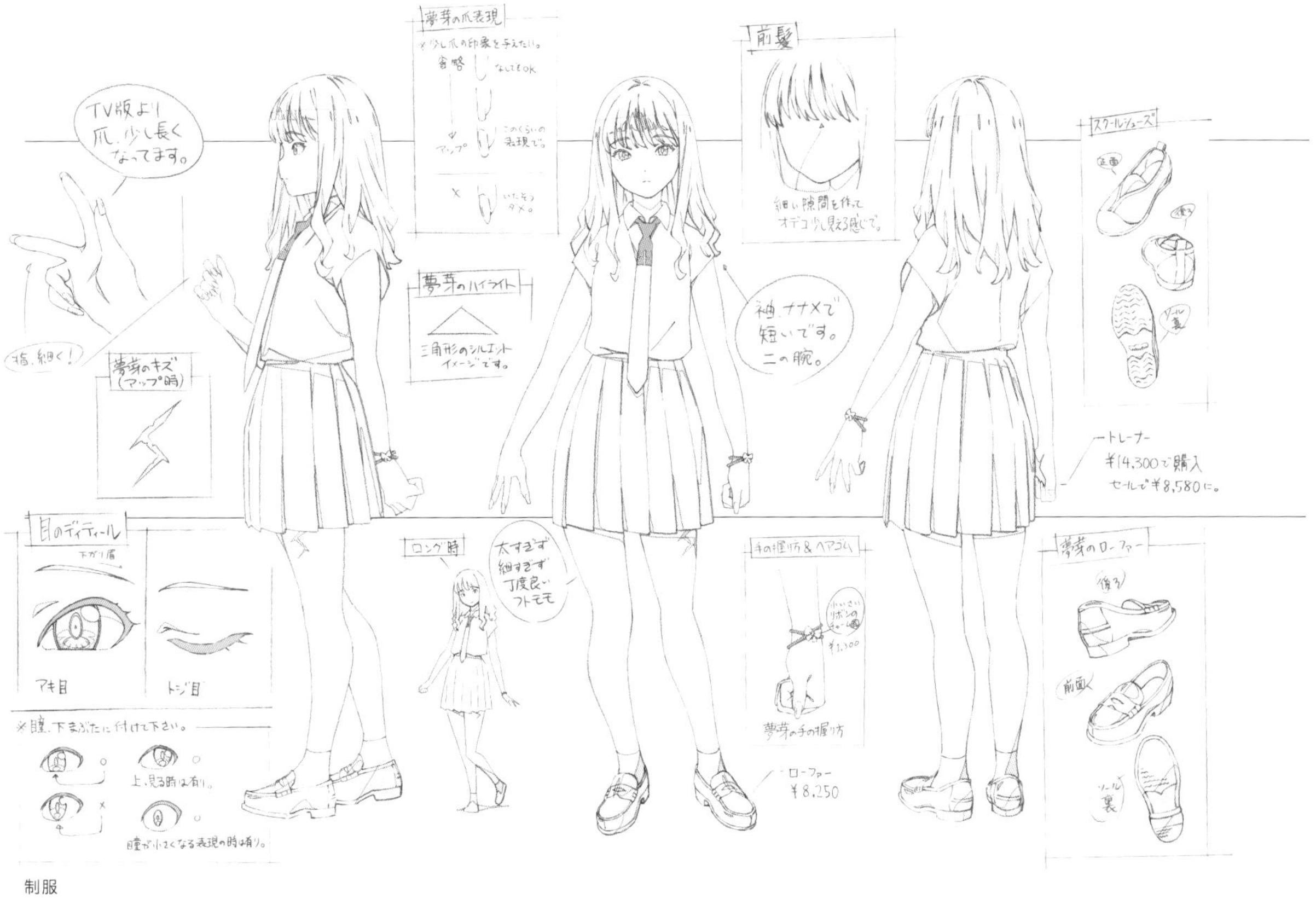
TV版より
爪、少し長く
なってます。
指、細く！
夢芽の爪表現
※少し爪の印象を与えたい。
省略
なしでもOK
アップ
このくらいの
表現で。
いたそう
ダメ。
夢芽のハイライト
三角形のシルエット
イメージです。
夢芽のキズ
（アップ時）
前髪
細い隙間を作って
オデコ少し見える感じで。
袖、ナナメで
短いです。
二の腕。
スクールシューズ
正面
ソール
裏
トレーナー
¥14,300で購入
セールで¥8,580に。
目のディティール
下がり眉
アキ目
トジ目
※瞳、下まぶたに付けて下さい。
上、見る時は有り。
瞳が小さくなる表現の時は有り。
ロング時
太すぎず
細すぎず
丁度良い
フトモモ
手の握り方＆ヘアゴム
小さい
リボンの
チャーム
夢芽の手の握り方
ローファー
¥8,250
夢芽のローファー
前面
ソール
裏

制服

CHARACTER PROFILE

飛鳥川ちせ

cv. 安済知佳

　ダイナゼノンに搭乗したひとりである暦の従妹で、学校が肌に合わず、あえて登校しないという姿勢を貫いてきた中学生。自身はダイナゼノンを操縦しないものの、ダイナゼノンの戦いに深く関わり、偶然拾った怪獣の種から、善良な怪獣ゴルドバーンを生み出して友情を育んだ。夢芽と同様、裕太たちの世界に転移してしまい、六花の家で世話になる。

　以前と変わらずアクティブな性格で、学園祭の準備を手伝うことを蓬たちに提案し、裕太たちとダイナゼノンのメンバーが交流を深めるきっかけを作った。この作業中、抜群の画才を披露。また、以前は隠していた腕のペイントを、臆することなく周囲に見せていた。

　夢芽と同じように一度消滅したあと復活し、最終決戦では暦と一緒にダイナゼノンに搭乗。かつての戦いで切望しながらも実現しなかった、仲間たちと一緒に戦うという願いを果たす。別れ別れになっていたゴルドバーンと再会したあと、元の世界に帰還した。

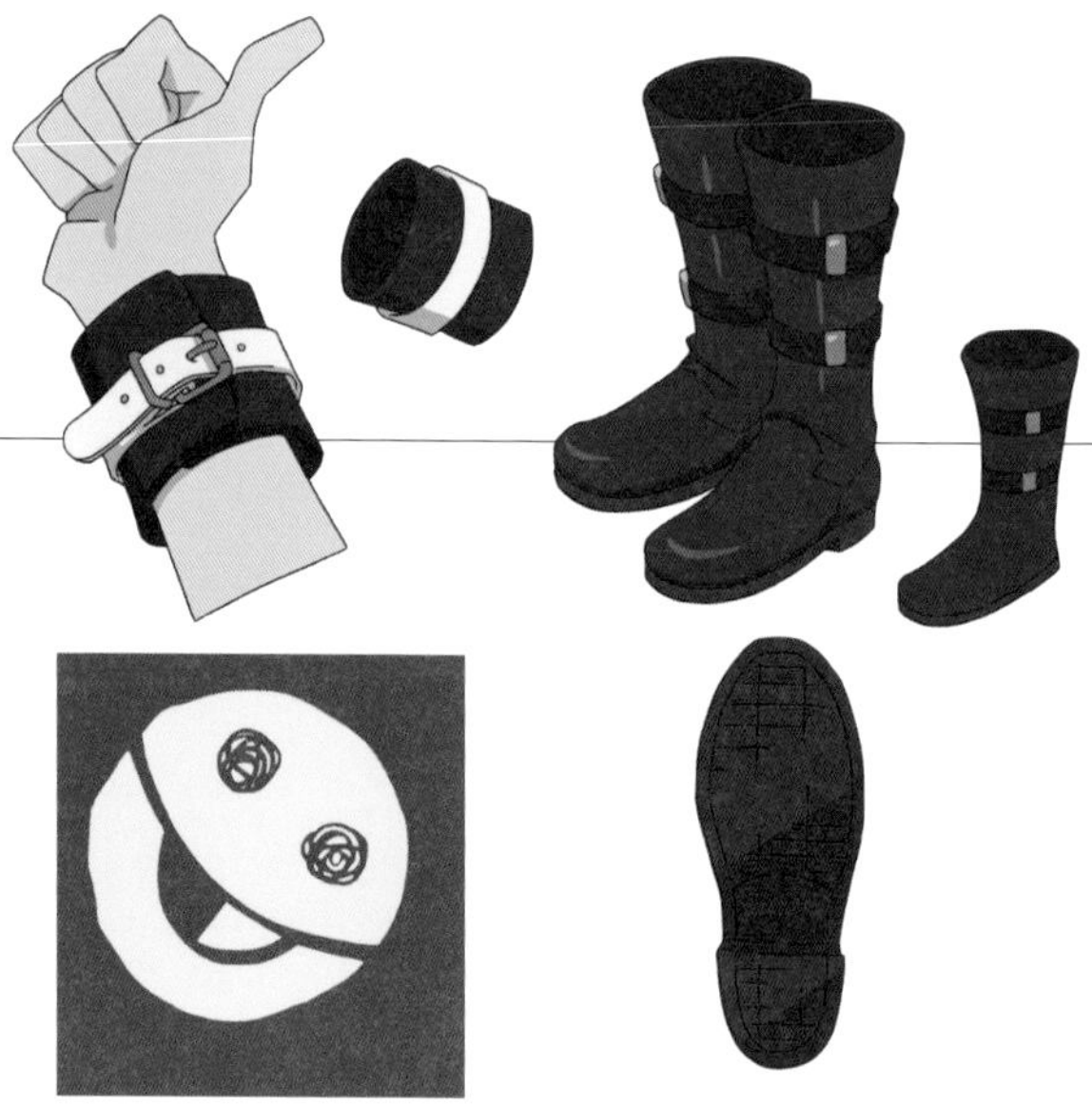

かつての戦いのときから髪型を変えているが、長いサイドヘアはエクステで、髪の長さは以前と変わらない。

頼りないところがある暦に、ときに呆れつつも懐いている。決戦では、彼と一緒にダイナゼノンに搭乗した。

私服

※寝袋とイヤホンは無しでお願いします（劇場GMU）

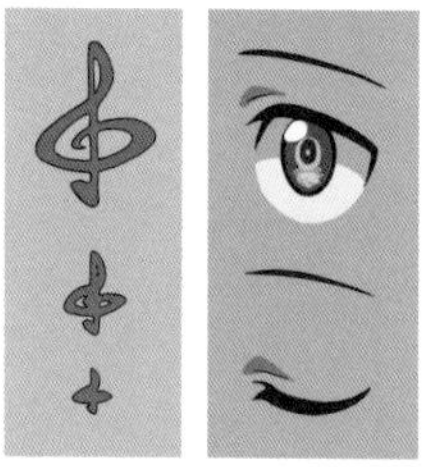

CHARACTER PROFILE

怪獣少女＆2代目

CV. 高橋花林

　アカネが到来する以前からコンピュータ・ワールドにいた人間型怪獣と、彼女から派生して誕生した存在。怪獣少女は、かつてグリッドマンが助けた怪獣アノシラスの血縁で、アカネが怪獣を生み出していたとき、世界の秘密などの重要な情報を裕太に伝えた。そのイメージをベースに、グリッドマンの想像力がダイナゼノンの世界に生み出したのが2代目で、別世界の同一人物のような存在であるため、物腰穏やか、人間に友好的、知識が豊富といった基本的な特徴が共通している。

　今回の異変をいち早く察知していた怪獣少女は、アカネの一件以来パートナーとなっていたアンチと協力して裕太に接触。彼に事の真相を教え、打開策を示した。その後、アレクシス・ケリヴがダイナゼノンの世界をよみがえらせると、その影響で2代目と同期、すなわち一体化。2代目の姿で巨大化して敵怪獣と戦い、すべてが終わると、乗艦サウンドラスを用いて蓬たちを元の世界に送り届けた。

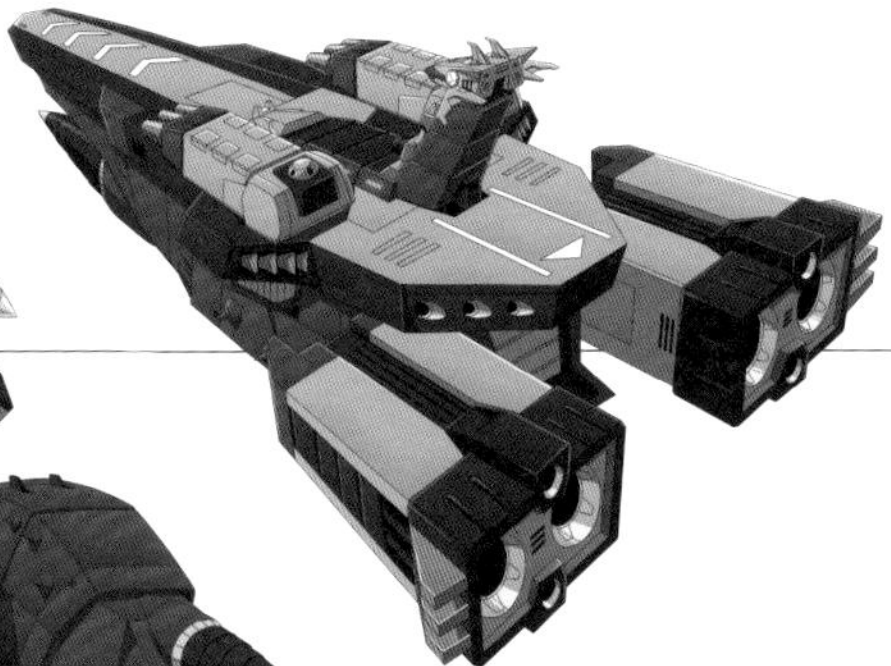

怪獣戦艦サウンドラス（フォートレスモード）

2代目と、パートナーであるナイトの拠点となる母艦。異世界間を航行できる。デザイナーは、数多くの特撮作品でデザインを手がける西川伸司。

戦艦武装サウンドラス（バトルモード）

分離、変形した怪獣戦艦を、巨大化した2代目がパワードスーツとして装着した状態。必殺技は、全身の火器を一斉発射するサウンドラスフルバースト。

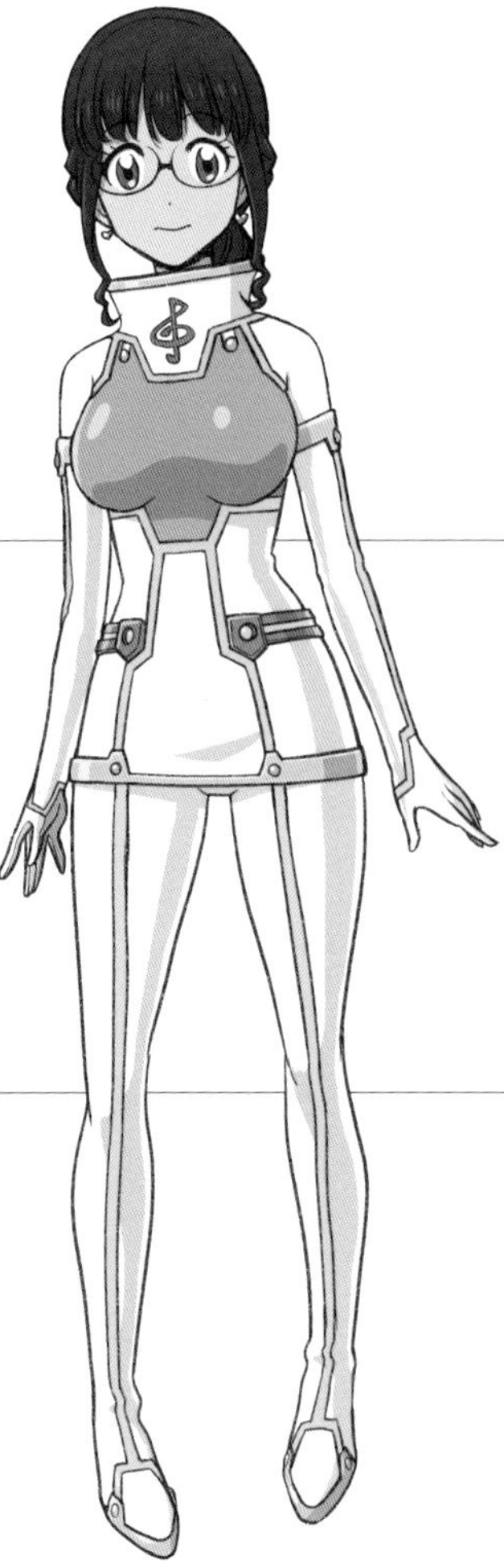

2代目 巨大化時衣装

巨大化した際にまとった戦闘服。デザイナーはサウンドラスと同じく西川伸司で、この設定画も西川自身の手によるもの。

上部のシャッターを開けて顔を出すことが可能。全体のフォルムは、先代のアノシラスによく似ている。

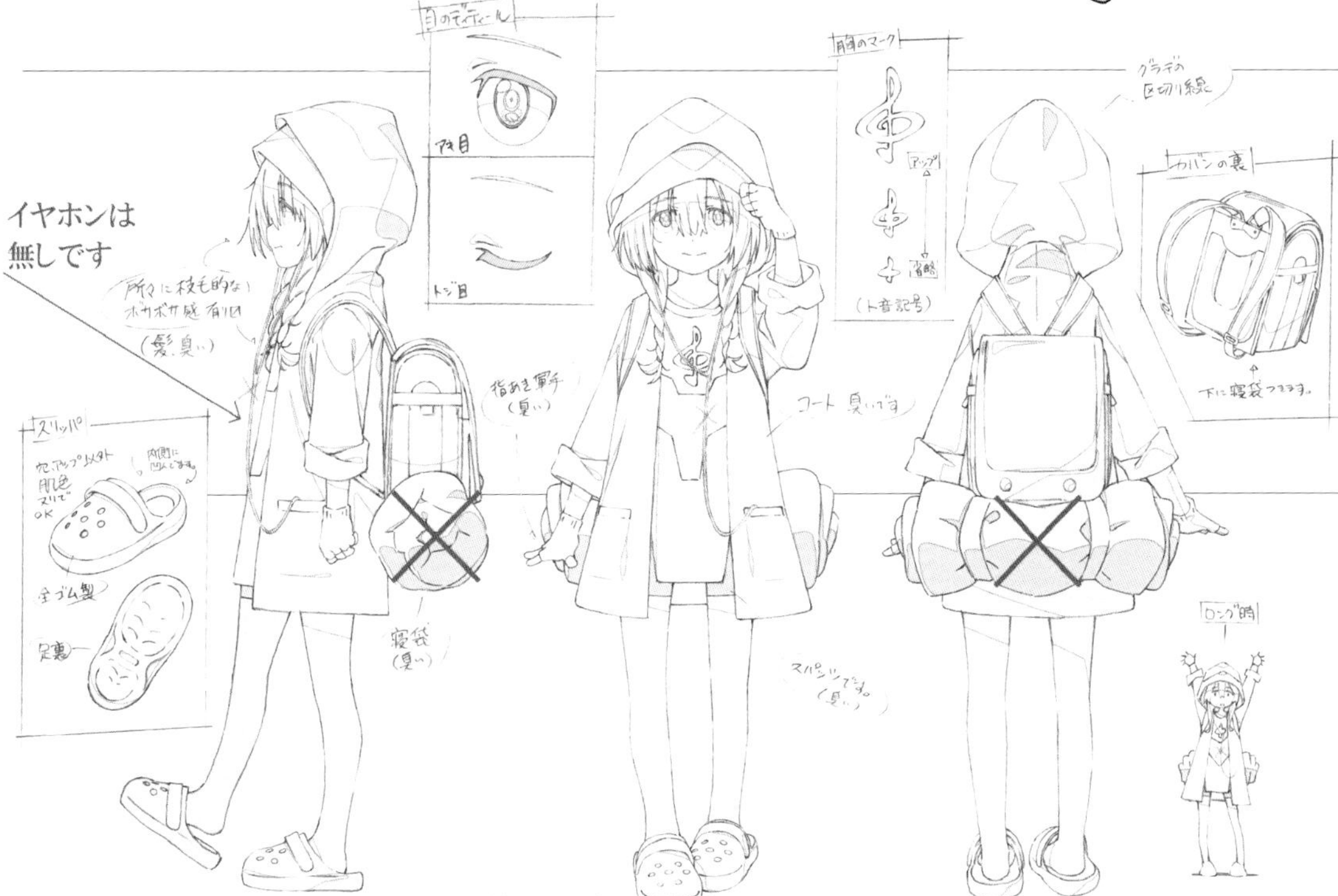

※寝袋とイヤホンは無しでお願いします（劇場GMU）

私服

CHARACTER PROFILE

ひめ

cv. 内田真礼

ダイナゼノンメンバーのリーダーであるガウマが仕えていた、5000年前の王国の姫君。ガウマとは将来を誓い合う間柄で、後に彼の口癖になる「人として守るべき3つのこと」を教えるなど、彼に大きな影響を与えた。しかし、王国で反乱が起き、ガウマが戦いに倒れたために自死。その際、遠い未来に彼が復活することを予期してダイナゼノンを遺した。

世界がカオス化したことにより、北海道物産展の売り子としてガウマ（レックス）の前に出現。気が強くハキハキとした性格で、カニを売りつつ、過去を引きずる彼に喝を入れた。世界が正常化すると、ガウマへの励ましの言葉を記した領収書を残して消滅する。

感情が昂ると、距離を詰めて話してくる。ガウマが会話時に顔を近づけてくることが多いのは、彼女の影響。

「3つのこと」のふたつは約束と愛。ガウマが口にしなかった3つ目は、カニを売る際に「賞味期限」と語っている。

TV ANIME. SSSS.DYNAZENON

TVアニメ『SSSS.DYNAZENON』の第10回、ガウマたちが夢の世界に囚われるシーンでわずかに登場している。

この登場シーンで描かれなかった顔や下半身を補完するかたちで、劇場版のキャラクターデザインが起こされた。

私服

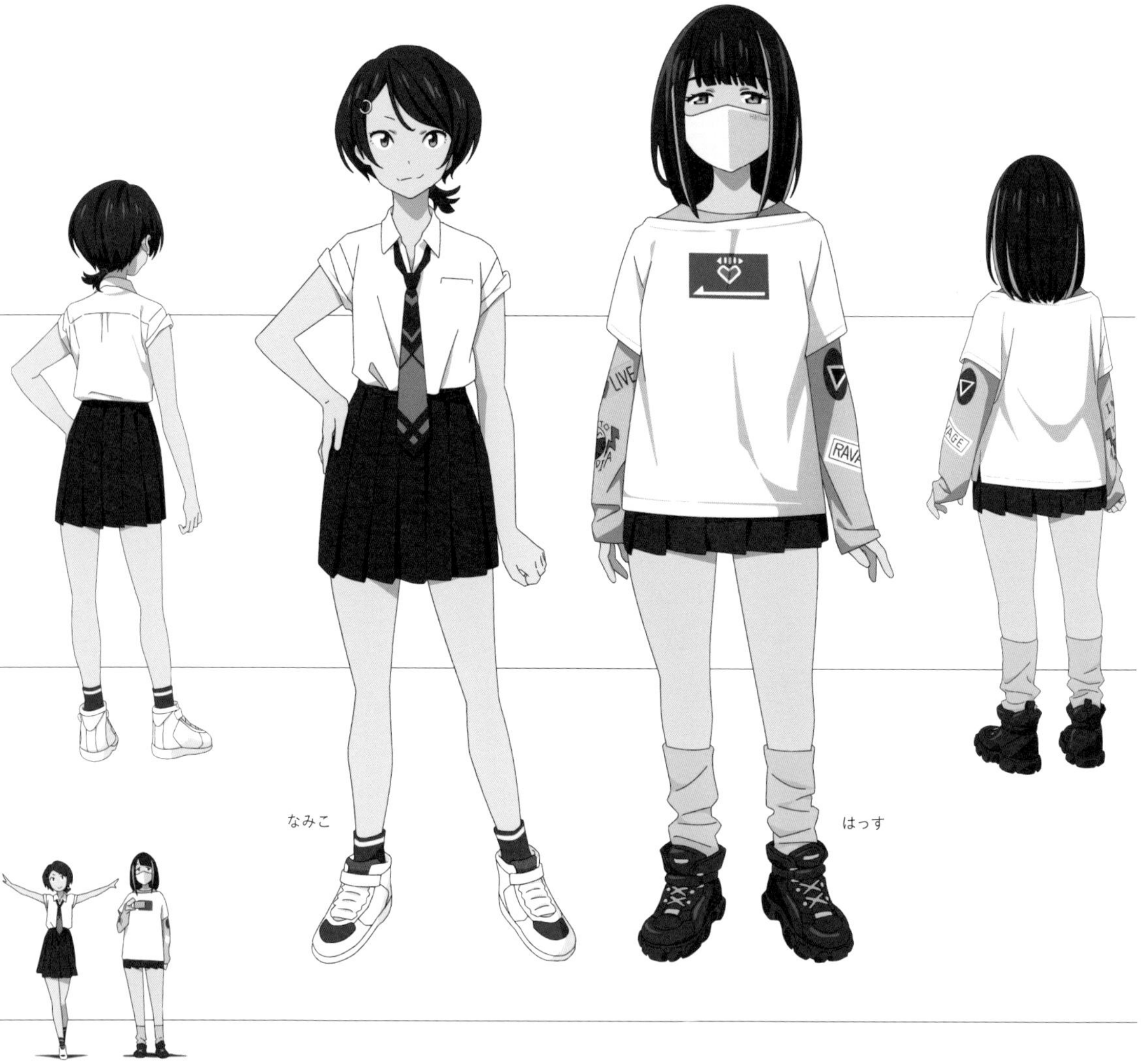

CHARACTER PROFILE

なみこ & はっす

CV. 三森すずこ（なみこ） 鬼頭明里（はっす）

　六花の友人で、よく一緒に行動している、ふたり組。以前は同級生だったが、2年生になって別々のクラスになった。なみこは茶道部に所属していて明るく活発な性格。はっすは常にマスクをしているのが特徴で「はっすん」という名前でユーチューバーをしており、企業案件を受けるなど名前が売れ始めている。はっすのほうは内海と仲が良くなったのか、クラスが違うにもかかわらず、バッティングセンターで会って話をする姿が見られた。

　ふたりとも、グリッドマンをはじめとする異世界の存在と関わりがない一般人で、怪獣に関する記憶がない。その視点から、六花の台本「グリッドマン物語」に厳しい評価を下す。

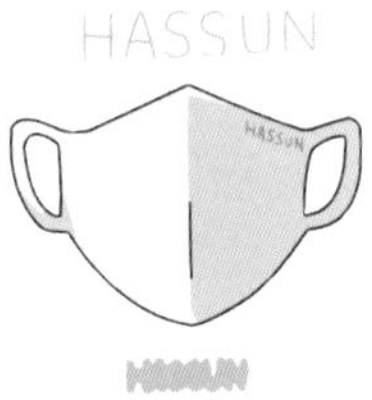

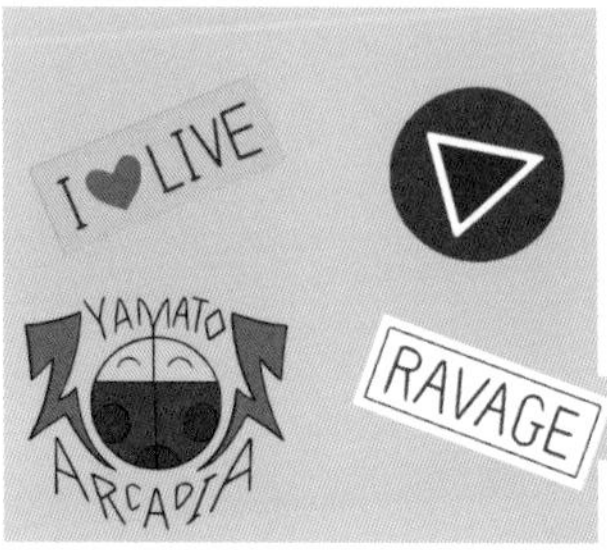

体操服

この設定画では省略気味に書かれている、B組のマーク内にある文字は、上が"The world is mine"、下が" Blue Riots"。

裕太・はっすはB組

六花・内海・なみこはF組

学園祭衣装

学園祭では、それぞれのクラスでオリジナルのTシャツを作っているようだ。裕太も所属するB組の出し物は、リアル脱出ゲームだった。

制服

TV ANIME. SSSS.GRIDMAN

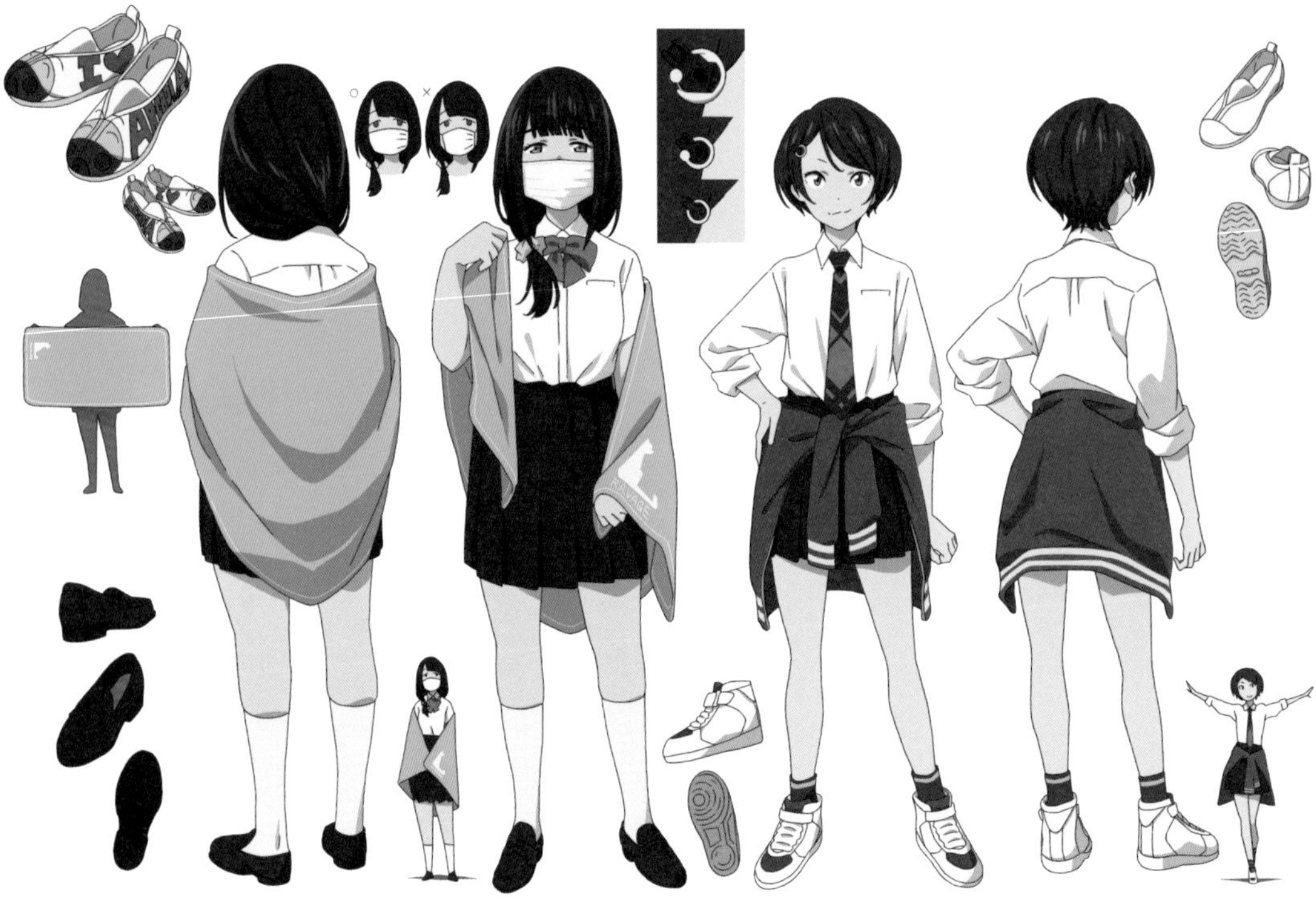

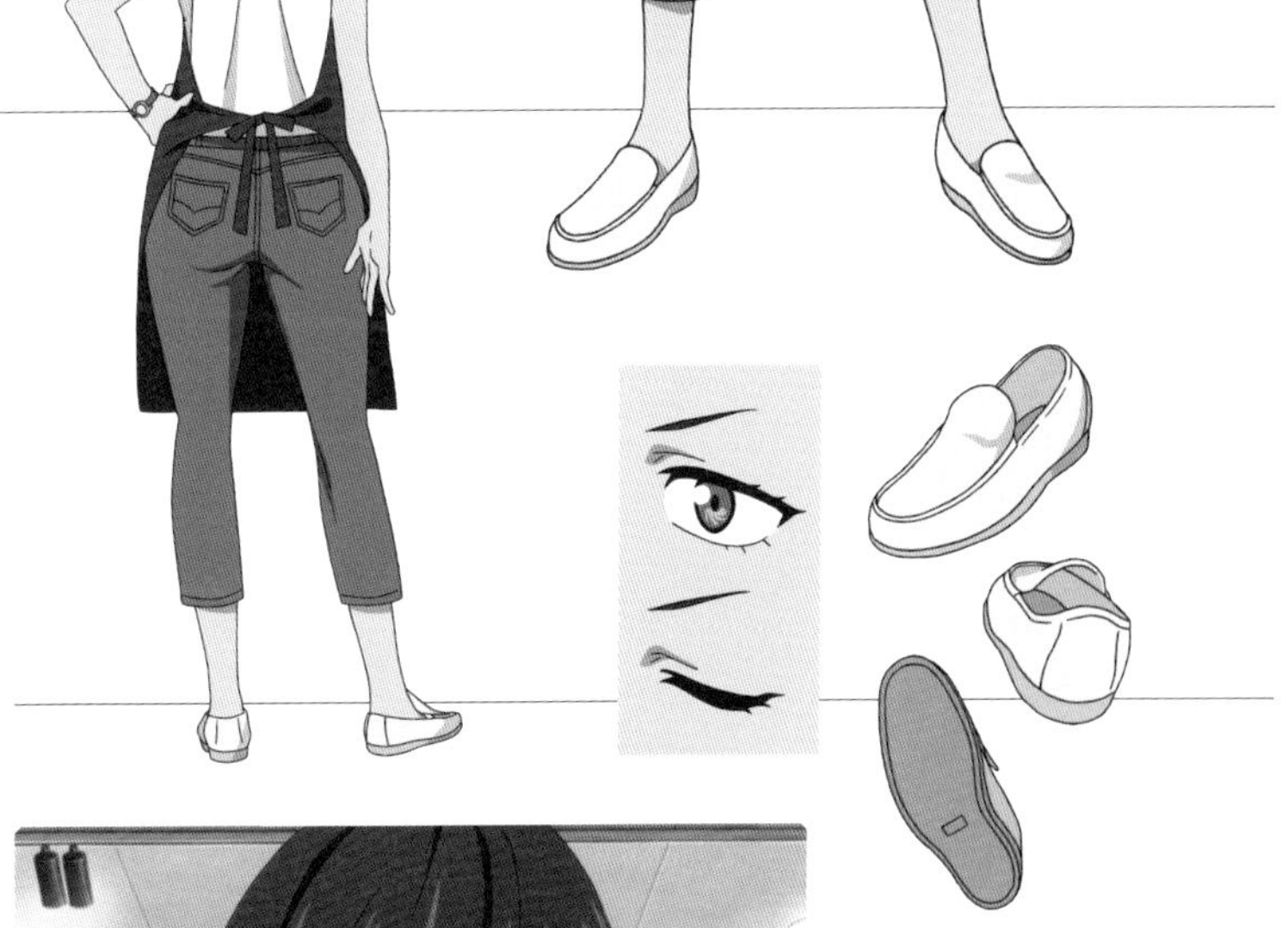

CHARACTER PROFILE

六花ママ

CV. 新谷真弓

六花の母親。娘に対しては友達のように接し、親子仲は良い。カフェを併設したリサイクルショップ「JUNK SHOP 絢」を経営。アカネを巡る戦いでも今回も、グリッドマンがショップのジャンクPCに宿ったため、店は自然と怪獣と戦う者たちの本拠地となった。

おおらかな性格で、大勢の異世界人を自宅に泊めて世話をするなど、度量が広く面倒見が良い。また、ノリが良く、異世界の個性的な面々とも簡単に打ち解けてしまう。この世界における「理（ことわり）から外れた者」の象徴である金色の瞳を持ち、裕太の変身などの超常的な出来事を目撃しても動じないが、その理由、背景は明らかになっていない。

強面のレックスや新世紀中学生を自然体で受け入れ、彼らに店を手伝わせたり買い物に付き合わせてしまう大物。

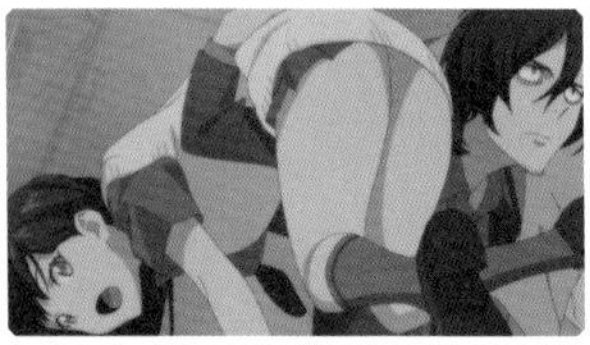

異世界からの来訪者

グリッドマンとアカネが裕太たちの世界を去ってから半年あまりが経ち、高校で学園祭の準備が進むなか、裕太は六花への告白を決意していた。しかし、彼女に年上の彼氏がいるという噂が流れてきたうえ、それらしい男性と六花が一緒にいるところを目撃して動揺する。そんな折、アカネとともに世界から消えたはずの怪獣が出現！ 裕太は新世紀中学生と一緒に戻ってきたグリッドマンと合体し、新世紀中学生の新メンバー、レックスの助力を得て勝利を収める。

新世紀中学生の面々は異変の要因として、複数の宇宙が融合する「ビッグクランチ」が起きている可能性を指摘。ほどなくして、その仮説を裏付けるかのように、レックスことガウマの別世界での仲間、蓬、夢芽、暦、ちせが、この世界に姿を現した。

DIRECTOR'S COMMENTARY

雨宮 哲

お客さんは『SSSS.GRIDMAN』と『SSSS.DYNAZENON』のキャラの絡みが見たいはずなので、早めにたくさん絡ませることを意識しました。「一緒にどこかに泊まる」とか「ひと夏の思い出」みたいなイベントは、最初の脚本からずっとあったと思います。

幻の喧嘩シーン

六花と夢芽が、仲良くなる前に喧嘩する構想もあったという。「尺が足りず、最初から普通にしゃべるかたちになってしまったのは心残りです」(雨宮)

モブ出演する初期ヒロイン

初期シナリオ案のゲストヒロイン(80ページ参照)は、いくつかのシーンの背景に登場している。写真のシーンでは、裕太の後ろに立っている女生徒がそう。

混沌へと向かう世界

六花の家で寝泊まりすることになった蓬たちは、学園祭の準備に飛び入りで参加し、裕太や六花と打ち解けていく。準備の最中、六花とふたりで買い出しに出ることになった裕太は、年上の彼氏の件を思いきって質問。相手の男性がじつは六花の兄だったと知り安堵するも、六花との会話はうまく続かないまま、皆のもとに戻ることになる。

その後、死んだはずのガウマの思い人、ひめが突然現れるなど、怪獣以外にも奇妙な出来事が多発。皆の認識もおかしくなるなか、裕太はグリッドマンとのつながりによって戸惑いつつも正常な状態を保っていた。そんな彼の前に、事の真相を知る人物、怪獣少女とアンチが出現。ふたりの話を聞いた裕太は、怪獣と戦った直後、アンチ＝グリッドナイトにグリッドマンの身体を貫かせる！

DIRECTOR'S COMMENTARY

雨宮 哲

学園祭で発表する演劇の台本を作るシーンは、TVシリーズの反省を踏まえてこの劇場版を作っていく過程をそのまま素材にしています。また、公園での静かなシーンを際立たせるため、その前後、とくにカオスになっていく場面は、意識してガチャガチャさせました。

良いシーンを茶化す意図

カオス化のカットでは、TVシリーズの名場面の要素がパロディ的に使われている。「良い場面をあえて茶化すことでカオス感を強調しています」（雨宮）

ムジナ唯一の登場カット

本作のストーリーには絡まなかったムジナだが、世界がカオス化していくところで、怪獣優生思想のメンバーと一緒にワンカットだけ登場している。

戦いに臨む創世者

グリッドマンは消滅し、同時に夢芽たち異世界の存在も姿を消した。驚く六花たちに、怪獣少女が事情を説明し始める。何者かが、グリッドマンの想像力から生まれた複数の宇宙の融合と世界のカオス化を進めており、アンチがグリッドマンを倒したのは、これを一時的に止めるためだった。そして根本的な解決策は、宇宙規模に巨大化して実体を失ったグリッドマンに裕太が合体することで、彼を本来の状態に戻すことのみ。失敗すれば自身が消えるという作戦に躊躇せず挑む裕太を、六花は複雑な気持ちで見送る。

一方、現実世界にいるアカネも異変に気づいていた。彼女は、グリッドマンに囚われていたアレクシス・ケリヴを解放。彼を制御し、事態を引き起こした混沌の権化、マッドオリジンを見つけ出して戦いを挑む！

DIRECTOR'S COMMENTARY

雨宮 哲

怪獣少女が種明かしをして一度話が落ちるところは画面を暗く、アカネちゃんの復活からはハッピーな感じで明るく、というコントラストを意識しています。音楽の力も強かったですね。ダイナゼノンの復活からは、いかにサービスするかを考えて作りました。

アカネと怪獣優生思想

怪獣優生思想は、一種のアカネ教のような存在と位置付けられている。アカネの新衣装が彼らのコスチュームに似ていることも、偶然ではないようだ。

現実世界のアカネ

現実世界のアカネは『SSSS.GRIDMAN』の他、その主題歌「UNION」のミュージックビデオにも登場している。演者は女優の新田湖子（現·月森湖子）。

勝利と帰還、そして告白

裕太は合体に成功し、グリッドマンは新たな姿を得て復活！ さらにアレクシス・ケリヴがグリッドマンの想像力に働きかけたことで蓬たちとダイナゼノンもよみがえり、その影響で怪獣少女とアンチは2代目とナイトに姿を変える。グリッドマンに襲いかかってきたマッドオリジンは、彼ら全員の猛攻の前に一度は敗北。隙を突いてアレクシスを取り込み、不死の力を得て逆襲するも、皆の力を合わせた攻撃を受けて完全消滅した。

戦いのあと、アカネはかつて別れを告げられなかったナイト＝アンチとだけ言葉を交わして現実世界に戻る。他の来訪者たちも、それぞれがいるべき世界に帰還。日常を取り戻した裕太たちは、無事に学園祭を迎えた。その日の後夜祭で、裕太は六花を呼び出して告白、晴れて彼女と付き合うこととなった。

DIRECTOR'S COMMENTARY

雨宮 哲

2代目の戦艦はこの映画が初出ですが、あえて「皆さんご存じの」みたいな雰囲気で登場させています。どこかで、たとえばコミカライズとかドラマCDといった派生作品に出ていそうに見えるけど、じつはどこにも出ていませんっていうのが面白いかなと（笑）。

カニ鍋は「照れ隠し」

物語は、蓬たちがカニ鍋を食べる場面で終わる。「終盤、過剰なくらいサービスをしたので、照れ隠し的な意味でこのシーンで終わりにしました」（雨宮）

シリーズで初めて見せる表情

夢芽が珍しく照れた表情をするのは、学園祭での裕太の爆笑シーンと並んで「これまで見せていない表情を見せるファンサービス」（雨宮）とのこと。

デザインラフ集

今回の制作でもTVシリーズと同様、ラフスケッチや衣装デザイン案が数多く描かれた。それらのうち、女性キャラクター関連のものを紹介する。

雨宮監督によるラフ

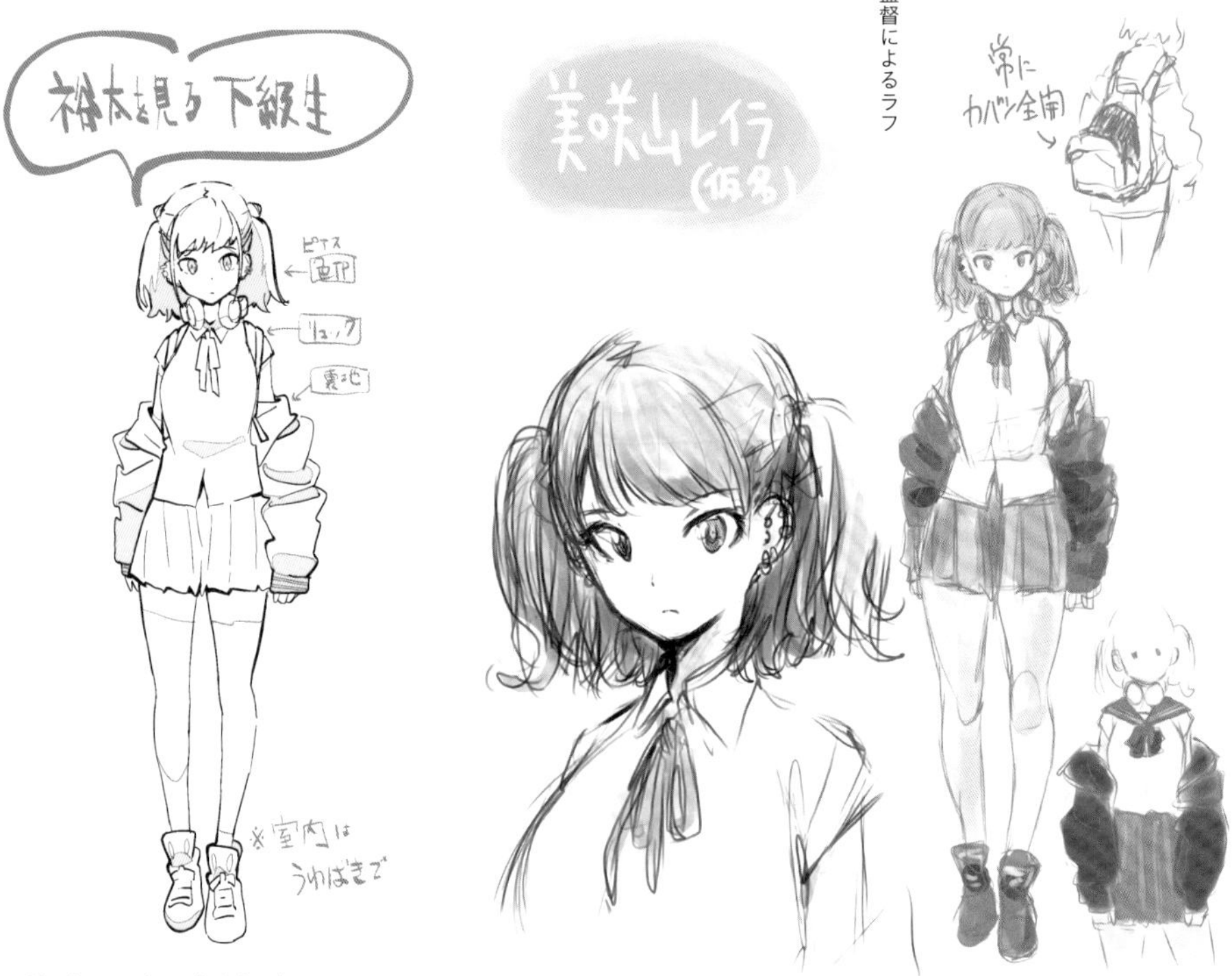

ゲストヒロイン デザイン案

ゲストヒロインが登場するシナリオ案は複数あったが（→ 90ページおよび94ページ参照）、基本的なキャラクターデザインは同じ。右は蓬に絡むキャラで「美咲山レイラ」。左は裕太に絡むキャラで「ミミカ」という名前だった。

新条アカネ ニューオーダー衣装デザイン案

初期のアカネ衣装案。当初は「せっかくの新衣装だから映えるものを」という理由で、肌の露出が多めになる予定だった。

メインキャラクター 衣装デザイン案

主要女性陣の新衣装案。監督は当初、六花を長袖&ハイソックスにしたいと考えていたが、舞台が夏になったため、半袖に決まった。

宝多六花&南夢芽 部屋着デザイン案

宿泊初日に充電ケーブルなどについてふたりが話すシーンで着ていた部屋着。このラフが、そのまま作画用の設定として用いられた。

宝多六花&なみこ&はっす
体操服デザイン案

決定稿との違いとして、なみこがねじりハチマキなのが目を引くが、この案は監督自身、気に入っていなかったということでボツになった。

ひめ 発注用ラフ

キャラクターデザインの坂本勝に発注する際に描かれたイメージラフ。発注時には「ギャルっぽく」というオーダーが出されていた。

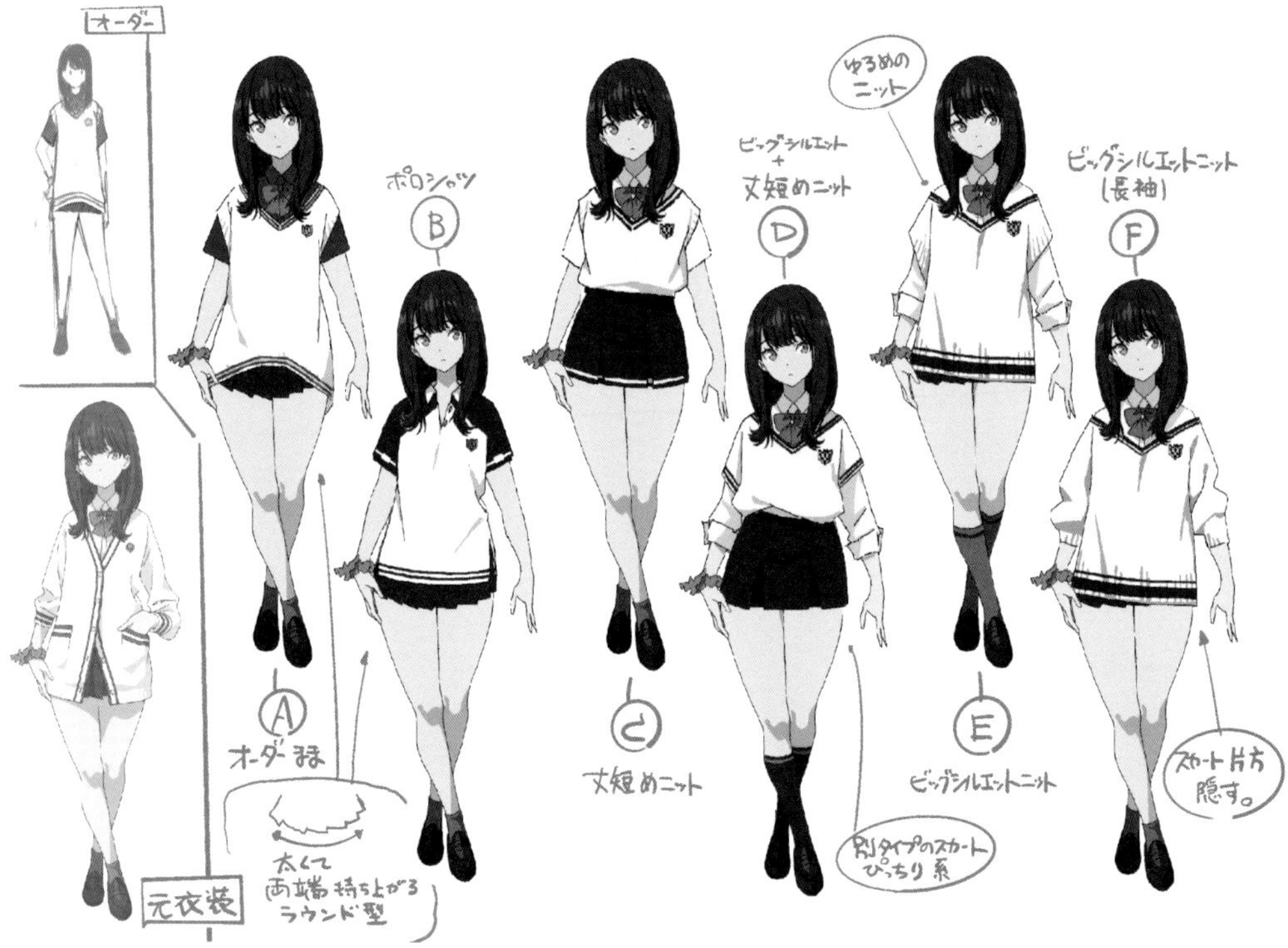

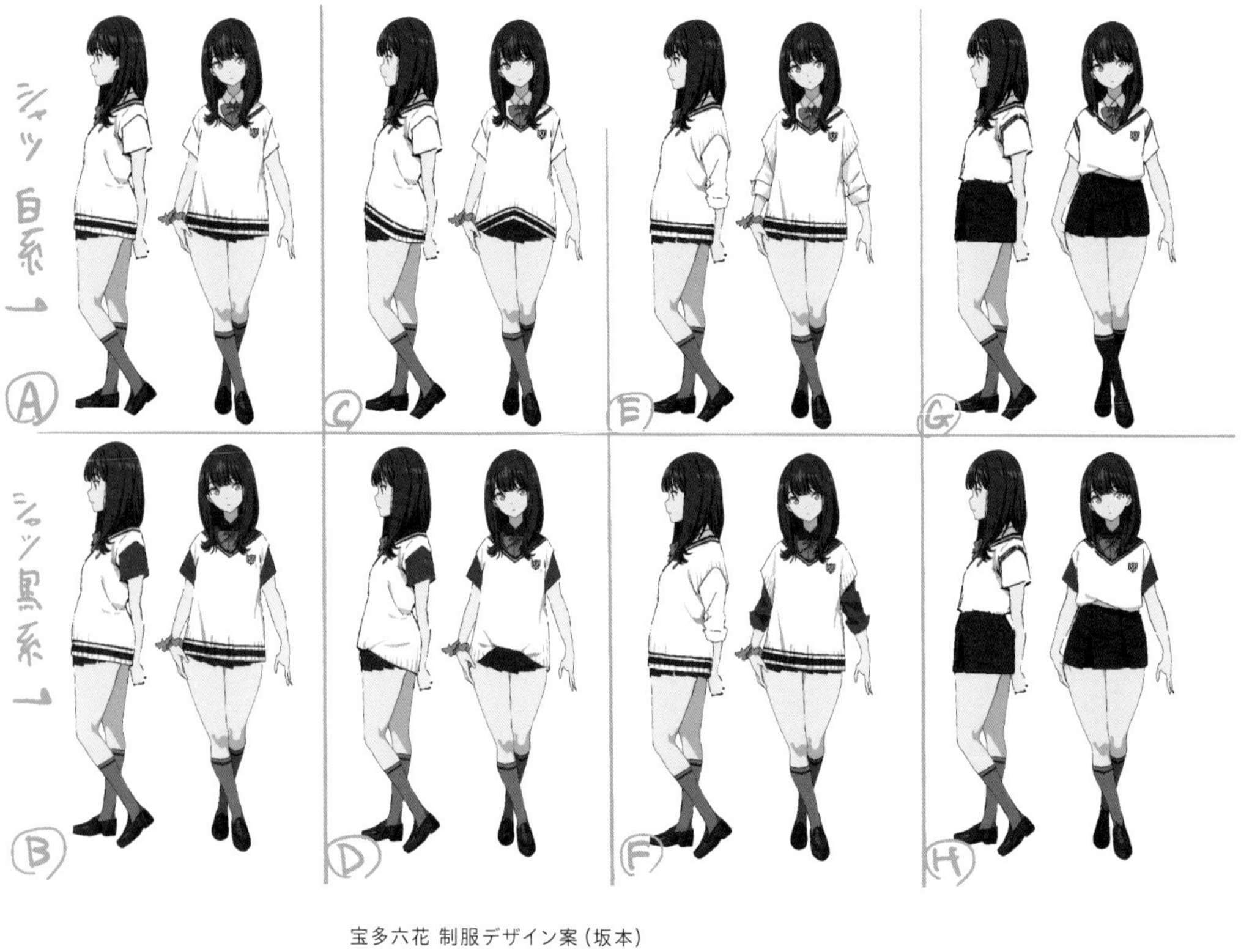

宝多六花 制服デザイン案(坂本)

六花のデザインは繊細に調整された。黒シャツになったのは、バストアップの場面が多く、その範囲でTVシリーズとの違いを出すため。

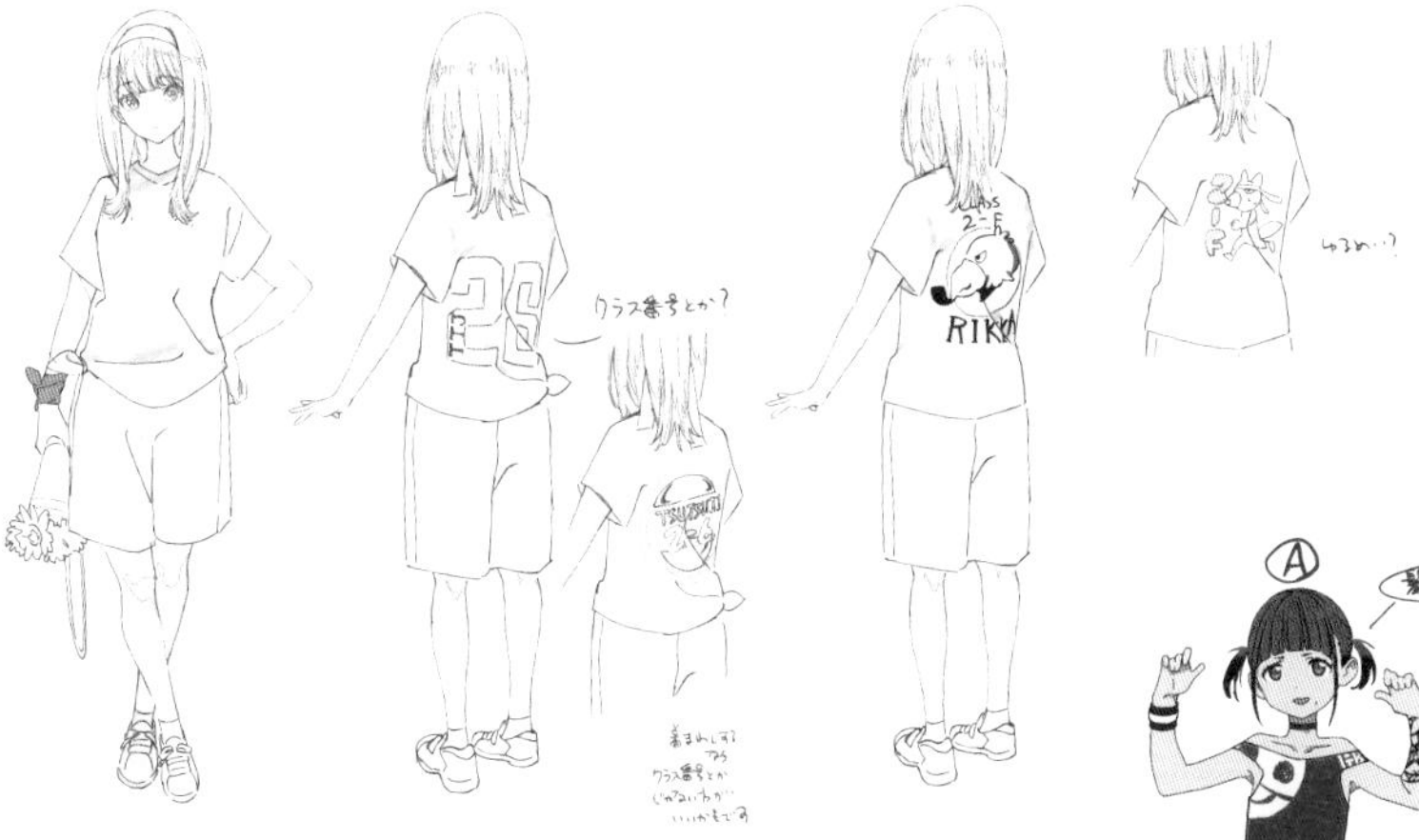

宝多六花 体操服デザイン案(中村)

体操服のプリントも、ツツジ台高校を示す「TSUTSUJI」やクラスの出席番号、動物の絵が描かれたパターンなど、いくつかの案が検討された。

飛鳥川ちせ 私服デザイン案(坂本)

ちせの新衣装は、監督の趣味が比較的ストレートに反映されているとのこと。ちなみに決定稿は、A案～C案のハイブリッドになっている。

なみこ 体操服デザイン案(中村)

81ページのラフにあった、ねじりハチマキの案。決定稿とは「袖をまくっている」「ハーフパンツのすそを折っていない」という違いもある。

南夢芽 制服デザイン案(坂本)

夢芽は髪型の変更が考えられていたが、さまざまな検討を経て変えないことに決まった。81ページにも髪型を変えたラフ案がある。

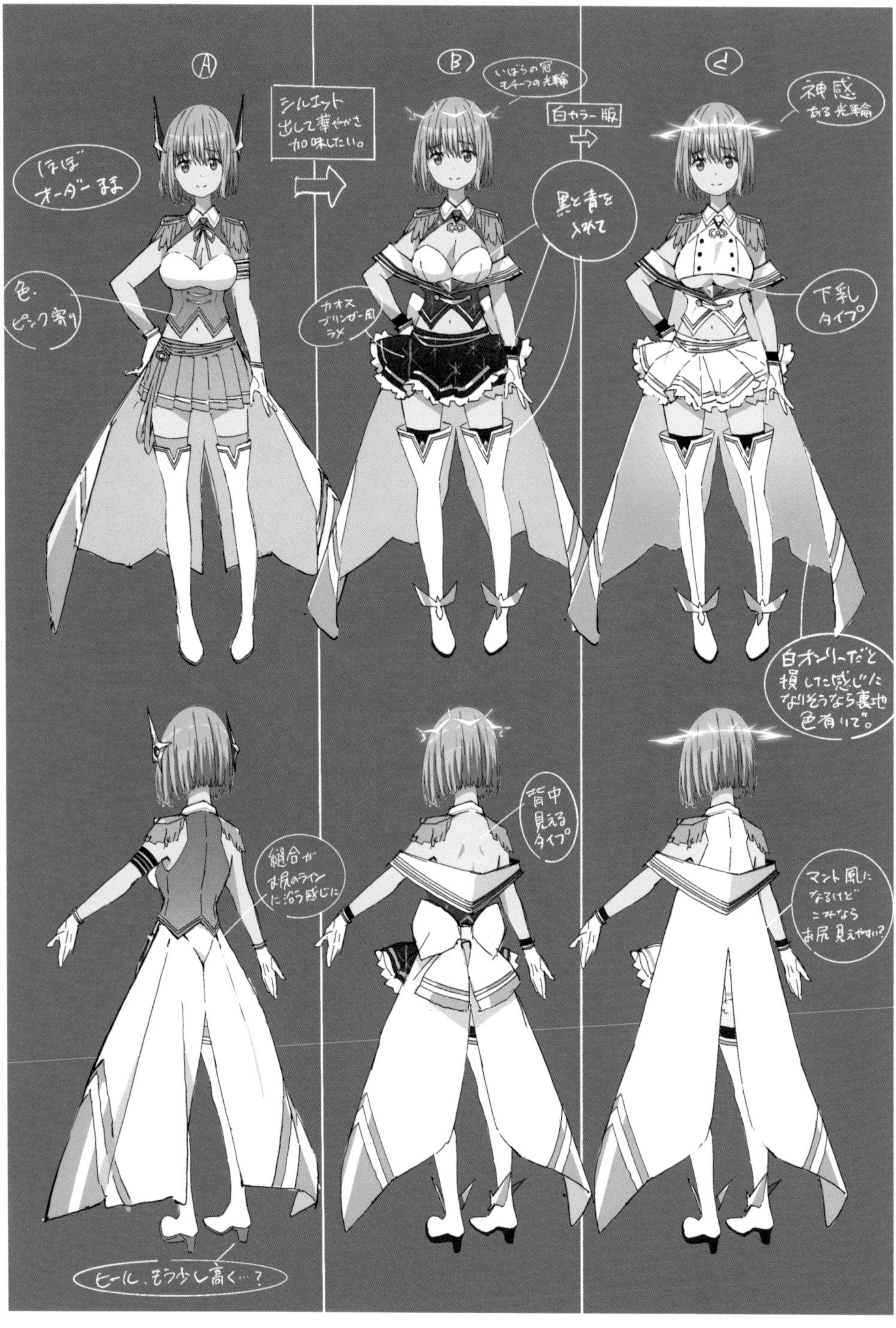

新条アカネ ニューオーダー衣装デザイン案

監督のラフを元に坂本が描いた案。いずれの案も想定より生々しい印象になったため、B案をベースに露出を抑える方向で調整された。なお、この「ニューオーダー」という衣装名は、イベント「SSSS.GRIDMAN SHOW02」で上演された朗読劇「ラスト・オーダー」に由来する。このタイトルは、TVシリーズ最終回での六花の願いを象徴しており、そこからの新しいステップという意味に、文字通りの「新しい秩序」という意味をかけて「ニューオーダー」と名付けられた。

『SSSS.GRIDMAN』雨宮監督によるサブキャラクターラフ

なみこ&はっす デザイン案

ここでは書籍「DYNAZENON & GRIDMAN ヒロインアーカイブ」では掲載していないラフ案を紹介しよう。最初は『SSSS.GRIDMAN』のなみことはっす。基本的なイメージは、この段階でほぼ完成している。

六花ママ デザイン案

なみこ&はっすと同様、『SSSS.GRIDMAN』制作時に描かれたラフ。どのバージョンも「垂れ目の美人」という点は共通している。

原画集

制作にあたっては、膨大な数の原画が描かれた。その中から、ヒロインたちの魅力が際立つカットのいくつかを紹介する。

学園祭の準備中にグリッドマンのイラストを描く夢芽。

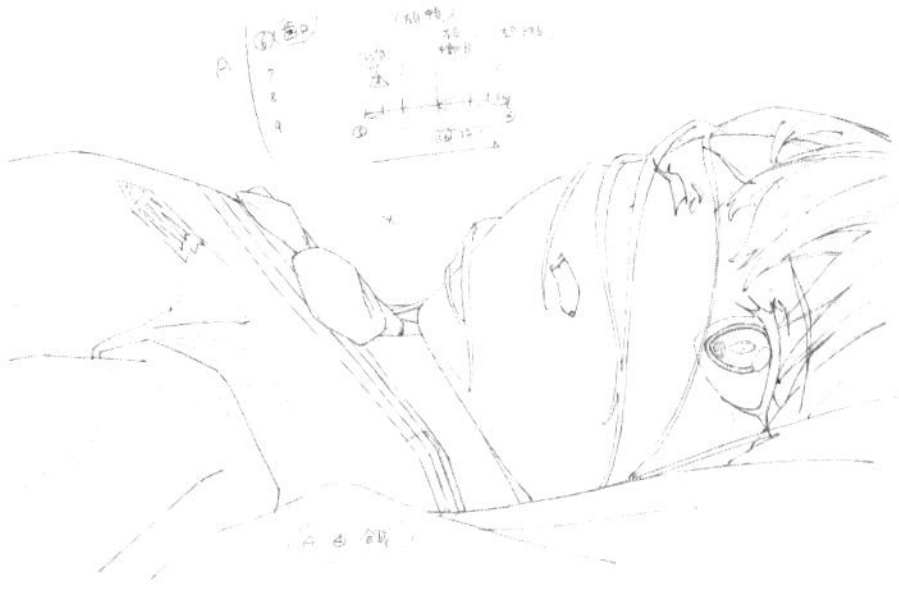

裕太と夜の公園で話しているとき、ブランコから落ちてしまった六花。

学園祭の準備で、なみこ、はっすと話し合う六花。

裕太たちに対して、今回の事件の背景を説明する怪獣少女。

北海道物産展で、売り子としてガウマの前に現れたひめ。

アレクシス・ケリヴを操ってマッドオリジンと戦うアカネ。

グリッドマンとの命懸けの合体に挑む裕太に向かって叫ぶ六花。

アレクシス·ケリヴの助力によって復活し、蓬との再会を喜ぶ夢芽。

裕太とグリッドマンの合体が成功したのを見て笑顔になるアカネ。

サウンドラスをまとって戦うために巨大化する2代目。

暦とともにダイナゼノンに乗り込み、決めセリフの音頭を取るちせ。

右と同じカット。アカネに触れられたちせ。

ちせのボディペイントに触れてゴルドバーンを強化するアカネ。

すべてが終わったあと、裕太に告白されて照れる六花。

蓬に自宅での食事に誘われ、目をそらして照れる夢芽。

STAFF & CAST INTERVIEWS

スタッフ & キャストインタビュー

STAFF INTERVIEW 01

GRIDMAN UNIVERSE

〔監督〕雨宮 哲 インタビュー

（あめみや あきら）１９８２年生まれ。ＧＡＩＮＡＸを経て、現在はＴＲＩＧＧＥＲに所属。２０００年代からアニメーターとして多数の作品に参加し、２０１０年代からは演出家としても活躍。『グリッドマン』シリーズ以外の代表作は『ニンジャスレイヤー フロムアニメイション』（シリーズディレクター）、『宇宙パトロールルル子』（第２監督）など。

「当たる方程式」で生み出された幻のヒロイン

——ストーリーの方向性は、制作の初期から固まっていたのですか？

雨宮　いえ、最初はゲストの女性キャラが出てきて、全員で彼女のお悩み解決をするという物語を考えていました。でも、キャラの内面の話だったので「話のスケールが小さい」という意見があちこちから出たんです。そこで「グリッドマンと裕太を中心にする」「既存のキャラだけが出る」「大きめの事件が起きる」ということを軸に仕切り直しました。ただ、裕太と六花が恋人になって終わるというのは、早い段階から決まっていたと思います。

——当初、ゲストキャラを中心にしようとしたのはなぜでしょう？

雨宮　まず、既存のキャラはＴＶシリーズで完成しているので、そこから展開させるのが大変というのがありました。それから、ＴＶシリーズ２作品を経て「こういう設定の女性キャラなら当たる」という方程式が見えた気がしたので、そこから導き出したキャラをお客さんに出してみたかったんです。

——その「当たる要素」を挙げてもらえますか？

雨宮　わかりやすいところでは「ピンク髪」とか「年下」とかですね。

——キャラの性格は、どんなイメージだったのでしょう？

雨宮　蓬側に絡む案と裕太側に絡む案があって、蓬側のときは自分の母親とのギャップに悩んでいて学校に行かない、みたいなキャラだったと思います。でも、アカネみたいに怪獣を作り出すことはできず、バディとなる魔人が怪獣を過去から持ってくる、という設定でした。

——過去というのは、蓬や裕太が戦った怪獣ということですか？

雨宮　そうです。どうしてそういう設定にしたかというと、当時は制作上の都合で、怪獣の３ＤモデルをＴＶシリーズから流用しようとしていたからです。制作面での縛りから、キャラの性格とか設定が生まれることってあるんです。

——興味深いお話です。では、裕太側のときは？

雨宮　裕太のことが好きな下級生で、文章から怪獣を生み出すという設定でした。文章にしたのは、アカネがやっていた造形よりはハードルが低いからです。どちらの案も、在り方としてはアカネを参考にしつつ、「オタクじゃない人から怪獣をどうやって生み出すか」を考えていました。

自分からは心情を見せない六花と余裕が生まれたアカネ

――では、それぞれの女性キャラについて、描く上で意識した点やTVシリーズからの変化について聞かせてください。まず、六花からお願いします。

雨宮　『SSSS.GRIDMAN』でもそうだったんですけど、六花から心情を吐露することは意識して避けました。主人公の裕太から見て、六花が何を考えているかわからないほうが翻弄される感じになるし、可愛く見えていいだろうと思ったんです。あとは、内海といっぱいしゃべらせたかったですね。『SSSS.GRIDMAN』のときよりも内海と仲良くというか、距離感が固定された感じで見えたらいいなと思いました。

――次にアカネですが、とてもインパクトがある登場シーンでした。

雨宮　TVシリーズで完結したキャラなので出したくなかったんですけど、お客さんの期待値的に出さないわけにはいかず、でもやっぱり普通に登場させたくはないから、飛躍した出し方にしました。

――登場しないシナリオ案もあったのですか？

雨宮　全然出てこない案はなかったんじゃないかな。出さなきゃいけないという圧を感じていたので（笑）。チラッとしか出ない案はありました。

――アカネの振る舞いは、わりと飄々としていましたね。

雨宮　余裕がある感じにしたかったんです。『SSSS.GRIDMAN』のときは自分が作った世界に入り込んでいて、そこに意識が引っ張られていたんだけど、今回はひとつ上のレイヤーから来ていることが自覚できている。そこの線引きができた状態で、裕太たちのために積極的に力を使う感じを出そうとしました。アレクシスとの関係もそうですね。関係はすでに終わっていて、彼に入れ込んではいないんだけど、仲はいいし、一緒に仕事はできるという、うまく別れた男女みたいなイメージです。

――アカネは実写のシーンも多いですが、実写パートにはどのように関わったのですか？

雨宮　絵コンテと衣装の指定をしたくらいで、撮影は基本的に立ち会いだけです。

――現実世界のアカネは、思ったよりはっきり描写された印象です。

雨宮　最初は、背景にピントを合わせて、顔はボカそうと思っていたんです。アニメではよくある表現なんですけど「実写でそれをやると、カメラの事故に見えてしまう」と現場で言われて、今の形になりました。結果として、この形になって良かったと思っています。撮影の時間帯も、当初は夕方とか朝焼けにしたいと話していましたが、スケジュール面の調整が難しくなると言われて昼間になりました。

――実写ならではの制限があったんですね。

雨宮　アニメに比べてコントロールできない部分が多くて、そこは面白かったですね。撮影日が晴れるように、みんなで神社に行ったら、お参りしようとした瞬間に大雨に降られたりもしました（笑）。

怪獣少女と2代目はカテゴライズしにくい「狭間の存在」

――夢芽はどうでしたか？

雨宮　『SSSS.DYNAZENON』からそんなに変えたつもりはないんですけど、「変わった」「明るくなった」と言われますね。コミュ力が上がっている設定なので、自分から会話を展開できるようになっていることを見せるのは意識しました。

――突然出てきたマックスと、普通にやり取りしていたのが印象的でした。

雨宮　あれに驚いたりしないのが夢芽のズレている部分で、コミュ力は上がったけど感性はズレたまんまっていうのが彼女の魅力だと思います。僕の中では、ボケ側に置いているキャラクターです。

――次は、ちせをお願いします。

雨宮　『SSSS.DYNAZENON』で出来上がっているキャラなので、そのまま今回の映画に出しているという感覚です。変更したのは見た目だけですね。初期のシナリオ案では、新しいパワーアップメカ、等身大サイズの「なんとかゼノン」をちせと暦が拾う場面があったのですが、なくなりました。時間があれば、アカネに似ているところとアカネにはないところ、というのも描きたかったんですけど……。

――アカネに似たキャラという認識なのですか？

雨宮　「怪獣に近くて才能がある」という意味でアカネに近いんです。怪獣優生思想を出せるなら「怪獣に近い」という部分でシズムとも絡ませたかったですね。「SSSS.DYNAZENON超全集」（小学館）収録の小説で、ちょっとやっていますけど。

――監督的に、描きたいことが多いキャラなのでしょうか？

雨宮　いちばん年下だし、『SSSS.DYNAZENON』では将来的な部分を描いていないので、今後に伸びしろがあるキャラだと思っているんです。だから、今回も尺を割けるならもっと描きたかったし、今後、このシリーズで何かやれるなら、彼女を扱いたいというのはあります。

――次は怪獣少女と2代目ですが、まず、ふたりが別々に存在していたのが驚きでした。

雨宮　サプライズポイントです。みんな、怪獣少女が2代目になったと思っているので、それを逆手に取る形で出しました。

――2代目のデザインや性格は、怪獣少女が成長した姿として設定しているんですよね。

雨宮　イメージとしては、もちろんそうです。『SSSS.DYNAZENON』のとき、怪獣少女が紆余曲折を経て2代目になったつもりでデザインしたんだけど、紆余曲折の部分は決めずに残しておいたんです。そうしたら、今回のような設定になってしまいました。

——怪獣少女はアカネが去ったあと、裕太たちの世界にずっといたというイメージですか？

雨宮　そうです。怪獣少女とアンチ君がどこかに行ってしまうと、『SSSS.GRIDMAN』最終回のキャリバーの「あいつは来ない」というセリフと矛盾してしまうんです。だから、あの世界から出てはいなくて、『SSSS.DYNAZENON』の世界が出来たとき、そっちに2代目とナイトが生まれたということです。

——サウンドラス（怪獣戦艦）も驚きでしたが、あれは監督のアイデアですか？

雨宮　変形して2代目が装着するという部分はそうです。メカと美少女の組み合わせがいろいろあるなかで「巨大美少女が戦艦をまとう」というのは過去にないはずだな、と思ってやりました（笑）。ただ、グリッドナイト同盟の拠点が要るので母艦を出そうという話は、初期シナリオ案の頃から出ていました。2代目の巨大化は『SSSS.DYNAZENON』でやらずに取っておいた要素なので、今回がベストタイミングだと思ってやっています。ちなみにドリルを付けたのは、デザインした西川伸司先生です。東宝的です（笑）。

——2代目や怪獣少女は、いわゆる怪獣の姿にはなれないのですか？

雨宮　今回の巨大化した状態が、彼女の怪獣形態です。というか、僕の中では人間のサイズでいるときも、あくまでも「怪獣」であって人間ではないという分類です。2代目とナイト君は、いろいろな意味でカテゴライズしづらいキャラ、狭間の存在にしたいというのがあって、サウンドラスにしても、メカ怪獣なのかアーマー美少女なのか分類が難しい、という線を狙っています。

ダイナゼノンを託すという発想の「ヤバさ」から逆算されたひめ像

——ひめがしっかり描写されたのは、予想外でした。

雨宮　「ガウマとひめの絡みを見たい」という話がスタッフから出て、それならお客さんも見たいのかなと思って入れました。登場シーンを物産展にしたのは「ひめが出るなら、ちょっと良い場面だろう」という予想を覆したかったからです。

——『SSSS.DYNAZENON』の第10回で、シルエットだけは出ていましたよね。

雨宮　あそこは作画スタッフにまかせていて、僕はノータッチでした。今回、あのシーンをもとに坂本君にデザインを起こしてもらったんですけど、すでに描かれている部分はあまり変えないことにしたので、下半分と顔しかいじれませんでした。髪の色のパターンはすごく探っていて、もう少し売れそうな色もあったんですけど、第10回の色から変えていません。

——いわゆる「お姫様」のイメージから距離があるキャラだったのが印象的です。

雨宮　『SSSS.DYNAZENON』の第10回ではおしとやかそうだったから、そのままだと面白くない、予想は裏切らなければ、というのはありました。あと、ガウマにダイナゼノンを託すような人だから、ヤバいはずなんです。「ガウマが生き返ったときに、ひとりだと寂しいだろうから四体合体のロボットを用意しておこう」という発想は、絶対ヤバいですよね（笑）。

——言われてみれば（笑）。

雨宮　『SSSS.DYNAZENON』のときから、そういう話は出ていたので、そのヤバさは出したいと思っていました。かつ、ガウマと恋仲になる相手という範囲で、想像がつくキャラ像がこれだったという感じです。

——声優に内田真礼さんを起用したのはTVシリーズ2作品、とくにひめが登場した『SSSS.DYNAZENON』でエンディングを歌っていたことと何か関係が？

雨宮　新キャラの声優を誰にしようかというときに、劇場版なので芸能人キャストを、みたいな話も出たんですけど、みんなが納得するサービスはこの形かなということで、内田さんにお願いしました。歌っている人が作中のキャラに声を当ててしまうと、歌詞がそのキャラの目線で見られたりしがちなので『SSSS.DYNAZENON』ではアーティストとしてだけ出てもらっていたんですけど、今回はそういうことがないですしね。

「男子が加われない雰囲気」を生み出すなみことはっす

——なみこ、はっすについても話を伺えればと思いますが、そもそも『SSSS.GRIDMAN』のとき、こういうふたり組を登場させた理由は？

雨宮　主人公と六花の距離が遠いほうがいいと思っていて、その「遠さ」を描写するためのキャラとして考えました。男子が、女子同士が何かキャッキャ話しているのを遠目に見て「これは話しかけられないな」と思ってしまう感じを出したかったんです。劇場版の『SSSS.GRIDMAN』総集編にも、そういう描写を入れています。また、六花と一対一だと会話が単線になっちゃうけど、3人いればゴチャッとするかなということで、ふたり組になりました。

——片方を、マスクを常時着用するキャラにしたのはなぜでしょう？

雨宮　マスクをするとキャラクターが一段階ミステリアスになるし、「これ、六花の友達だな」とおぼえてもらいやすくもなります。それからキャラの顔が半分隠れていると、作画にかかるカロリーが全然違うという理由もありました。ちなみにアフレコでは、はっす役の鬼頭明里さんがわざわざマスク越しに演じてくれたこともあります。ちせも、安済知佳さんが飴を噛みながらやってくれたことがありますね。

―― 彼女たちは映画でも独特の存在感がありました。

雨宮 今回は『SSSS.GRIDMAN』のストーリーの感想を、知らない立場から語る役回りですね。そこには自分たちも含まれているんだけど、おぼえていないから傍観者みたいな視点になっているのが面白いかなと。このふたりは、あまり気を使わずに描けるので動かしやすいです。

―― 最後に六花ママですが、まず、あのデザインになった経緯は?

雨宮 六花の母親が出てくるというのは『SSSS.GRIDMAN』の初期から決まっていたんですけど、いわゆる「母ちゃん」的なキャラにすべきかという話し合いがあって……。主人公がティーンの作品で大人キャラを出すと、アニメーターがやりたがらなくて、登場シーンの担当者がなかなか決まらないんです。そうならないように美人にしようという話になって、美人ママのパターンを考えた結果、今のデザインになりました。

―― 美人で、あの性格なのが印象的です。

雨宮 最初は性格もおとなしめにするつもりだったんですけど、新谷真弓さんの演技にインパクトがあったので、この方向でいいか、と(笑)。

―― 思わせぶりな振る舞いが多いキャラですが、世界の真相をどこまで知っているのでしょう?

雨宮 最初は「全話の脚本を知っている人」という設定にしようと思っていたんですけど、要らない要素だと思って止めました。具体的に描くつもりはなくて、なんとなく不思議な人っていう感じです。

―― 今回の映画では、大人数をさらっと泊める度量が印象的でした。

雨宮 せっかくみんなが揃っているので、同じ場所に全員泊めるというのをやりたいと思ったときに、六花ママなら受け入れても違和感がないかなと。「六花ママだから」っていうだけで、あそこに集うことに対する説明をすっ飛ばせるんです(笑)。

細かい言い回しの調整によって キャラクター性を固めていった

―― 全体を通じて、とくに気を使ったセリフやシーンはありますか?

雨宮 六花のセリフは、全体的に気を使っています。最後、内海に「言いたいこと何かあったんじゃないの」と言われたときに、当初は「ないよ」って答えて終わりだったんですけど、それだとストイックすぎるという話になって「なんか言ったらさ、全部出ちゃいそうだから」というセリフを足したりとか、逆に「少しは迷ったりしろよ」っていうセリフは強すぎるという意見も出たんだけど、ここは柔らかくせずに「しろよ」で通したりとか……。キャラクター性って、こういう部分でだいぶ変わるので、そこの調整は面白かったですね。

―― 尺があれば絡ませたかったキャラの組み合わせがあれば、お願いします。

雨宮 これは、いっぱいあります。まず、蓬とキャリバーはやりたかったですね。キャリバーがマックスの代わりに店番をしていて、蓬に朝ごはんを作るというくだりがあったんですけど、全然入りませんでした。暦と六花ママも入らなかったし……キャリバーとグリッドナイトはやるべきでしたね。119分に収めなければならないという前提だったんですけど、調整を繰り返して完成した今の総尺が118分なので「あと1分いけたな」っていうのは心残りとしてあります。アニメで1分あれば、ひと笑い作れるのに。

―― シリーズの今後については、どう考えていますか?

雨宮 個人的には、オファーがあればやれます。『グリッドマン ユニバース』は『SSSS.GRIDMAN』と『SSSS.DYNAZENON』で取りこぼした部分を拾った「めちゃめちゃ綺麗な蛇足」だと自分では思っているんです。でも、『グリッドマン ユニバース』でも取りこぼしている部分があるので、今度はそこを拾うという繰り返しで作り続けられると考えています。ヒロインという観点だと、先ほども言ったように、ちせはいけるなと。

―― シリーズのヒロイン人気については、どう捉えていますか?

雨宮 ロボットとかヒーローとか怪獣が中心のコンテンツだと思っていたので、ヒロインキャラの人気がこんなに高くなるとは思っていませんでした。そっちに寄せて作っているつもりもなかったので、ちょっとビックリです。円谷プロ作品にはアンヌ(※『ウルトラセブン』のヒロイン)とかレナ(※『ウルトラマンティガ』のヒロイン)とか、人気があるヒロインが多いですけど、六花とアカネみたいなパターンはなかったと思うので、そういう意味では円谷プロ作品のヒロインの魅力も広げられたんじゃないかと思います。

〔脚本〕

長谷川圭一インタビュー

（はせがわ けいいち）1962年生まれ。1997年に『ウルトラマンティガ』で脚本家デビューし、その後も数多くの『ウルトラマン』シリーズに参加。主な参加作品は『仮面ライダーW』（脚本）、『神撃のバハムート GENESIS』（シリーズ構成）など。

納得できる物語になるまでの紆余曲折

——制作が決まった当初、監督とはどんな話し合いをしましたか？

長谷川　直接会う前にラフなアイデアメモが送られてきて、意見を求められたのが最初です。メモの内容はプロットというより、地下アイドルをやっている新キャラの性格設定やバックボーンが中心でした。

——当初は、今とは違うストーリーだったそうですね。

長谷川　監督の最初の案は、『SSSS.DYNAZENON』の後日談的な話でした。蓬のお母さんが再婚することになって引っ越さなければならなくなり、夢芽と長距離恋愛になってしまう。その引っ越し先に新キャラである前妻の娘がいて、夢芽が嫉妬するという流れでした。で、その娘が異次元人みたいなのと友達で、心の闇を操られて怪獣が出てくるという。

——初期の制作は、その案で進んでいたのですか？

長谷川　いや、早い段階でボツになりました。ショートプロットにしてみたら、新キャラを描くだけで尺がなくなってしまい、『SSSS.GRIDMAN』と『SSSS.DYNAZENON』の共演ものにならないことが判明したんです。それで、監督から次のメモが出てくるまで待機になりました。

——次のメモはどんな内容でしたか？

長谷川　やっぱりゲストヒロインが出る話なんだけど、今度は『SSSS.GRIDMAN』側が中心でした。裕太にひと目惚れしている後輩がいて、その娘が小説を書くと、内容に即した怪獣が出てくるんです。彼女が裕太をストーキングしたり、邪魔な六花を襲ったりするんだけど、最後は六花と和解して、裕太と六花が結ばれるという内容でした。こちらの案はシナリオにして、第三稿くらいまで進めています。でも、『SSSS.GRIDMAN』のように世界全体の謎を推理する要素が入らないかという話が出て、TRIGGERで一度、ストーリー案を整理することになりました。で、また待機（笑）。

——二転三転しているんですね。

長谷川　やっぱり劇場版ですからね。皆が納得できるところに行くまでには紆余曲折があったということです。このあとに出てきたメモが、世界そのものの歪みみたいなものを既存のキャラだけで解決するという、決定稿の骨組みになる内容でした。

——『SSSS.GRIDMAN』と『SSSS.DYNAZENON』を合流させるという部分に難しさはなかったですか？

長谷川　『SSSS.GRIDMAN』の世界で『SSSS.DYNAZENON』寄りのラブストーリーが進むという話になったので、そんなに難しくはなかったです。ただ、「蓬たちの世界も、じつはグリッドマンの頭の中から生まれた作りものだった」という設定を描くことに対しては、いろいろな意見が出ました。『SSSS.DYNAZENON』は『SSSS.GRIDMAN』とは違うアプローチをしていて、世界の謎などは明かさず、普通の人たちの青春ものとして見せていたので「じつは作りものの人間でした」みたいなことにしてしまって大丈夫なのか、と。でも、設定の明かし方を詰めていったら、最後はみんな納得しました。

ヒロインとして描いた六花、どのように出すかを探ったアカネ

——では、各ヒロインについてコメントをお願いします。まず六花は？

長谷川　書くのが難しかったですね。裕太にどういうリアクションをするのかっていう

のが……。『SSSS.GRIDMAN』がアカネの話で、恋愛寄りの内容ではなかったので、裕太に対してどういう気持ちでいるのかを、あらためて考える必要がありました。裕太が、本来なら告白してきたであろうタイミングで記憶喪失になっているのを知っているので「早く言ってきてくれないかな」みたいな気持ちはあるだろうと思って書いています。すごく活躍しているわけではないんだけど、物語のラブ軸の中心にいる、ある意味で正統的なヒロインですよね。どこで「裕太！」って叫ぶのかとか、監督といろいろ調整しながら、いかにヒロインとして描くかを意識しました。

――裕太の告白は、内海にも「遅い」と言われていましたね。

長谷川　裕太は、六花がグリッドマンとしての自分を好きだったんじゃないかと考えていて、そこに引け目みたいなものがあったんだと思います。

――アカネはいかがですか？

長谷川　「どう出すか」が問題でした。『SSSS.GRIDMAN』の最後で、この世界には戻ってこないという約束をしているから、その約束を破らないくらいの関わり方で、かつ、ちゃんと活躍できる見せ方を探りました。監督による初期のプロットでは、物語の最初のほうでさらっと登場していて「これはちょっと早い。ここぞというところで出したほうがいいんじゃないか」という話をしたのはおぼえています。

――夢芽とちせはどうでしょう？

長谷川　夢芽は、ドラマ的には『SSSS.DYNAZENON』で完結しているので、六花との絡みでどういう会話をさせるかとか、共演ものとしての面白さを出すことを主に考えていました。蓬がひとりで頑張っているところに駆けつけるくだりは、いいシーンだなと思います。ちせは、いつも通りな感じというか、以前よりパワーアップして元気になっていますね。

――怪獣少女と2代目はいかがでしょう？

長谷川　2代目とナイトだけが登場して、怪獣少女とアンチ君は出ないという案もあったんですけど、せっかくの映画だから出してほしいという話をして、その方向で進めることになりました。ふたり同時にいると設定的に破綻が起きないかとか、監督は悩んだと思いますけど、うまい見せ方をしていますよね。ふたりの関係についての答え合わせができて、よかったと思います。

――新キャラのひめはどうでしたか？

長谷川　今のストーリーになって新規のキャラがいなくなっちゃったので、ひめを出そうという話になりました。『SSSS.DYNAZENON』でも、最後にひめを出すか議論になったことがあって、そのときは見せないほうがいいという結論だったんですけど、今回は設定的にも出せる感じでしたから。二度目の別れになってしまったけど、ガウマときっちり別れることができて、よかったと思います。

「女子高生の描き方」をつかむことができた（笑）

――思い入れがある、あるいは書いていて楽しいヒロインはいますか？

長谷川　楽しいのは、ちせです。男だと内海とかガウマとか、元気にかき回すキャラは書きやすいです。好きなのは六花ママですね。『SSSS.DYNAZENON』の稲本さんとか、大人の人がいいんです（笑）。じつは、シナリオでは北海道物産展のシーンに稲本さんも出していたんだけど、尺の都合でカットになりました。

――他にも尺の都合でなくなったシーンはありますか？

長谷川　世界がカオスになっていくところで、ひめ以外の死者復活もやる予定で、シナリオには問川たちや夢芽のお姉さんのセリフも書いていました。怪獣優生思想が出てくるシーンもあって、ボウリングをしていたらボールが飛んできて、ジュウガが「死ぬかと思ったぜ」って（笑）。

――（笑）。では、とくに印象に残っているシーンを教えてください。

長谷川　裕太と六花がふたりになるシーンは気を使いました。どういうプロセスで裕太が気持ちを伝えるのかとか、誤解が解けていくのかとか、ひとつひとつのセリフというよりは流れの見せ方を気にしました。

――完成した映像を見て、いかがでしたか？

長谷川　クライマックスの畳みかけに圧倒されました。限られた尺の中であれだけ見せられる、時間配分のうまさを感じます。だいたい、合体シーンをあれだけ全部やるっていうのがすごい（笑）。雨宮さんのこだわりが詰まっていると思います。その後、みんなが別れていくところも、じめっとしないというか、笑顔で終わるのが良かったですね。あのシーンは、シナリオではもう少し簡素だったんです。普通はクライマックスのあとにあまり長々とした場面は入れられないと考えるんですけど、監督がこだわったんでしょうね。実際、見ていて余分という感じはしなかったです。

――最後に、シリーズ3作品を終えての感想をお願いします。

長谷川　『SSSS.GRIDMAN』の企画の頃からは、想像もしなかったような状況になっています。続編が作られるだけでもすごいと思っていたのに、まさか映画で共演ものができるとは……。同じ円谷プロ作品の『ウルトラマン』ではやらせてもらっていたことだけど、こちらでやれるとは思っていませんでした。アニメの劇場版の仕事は初めてだったので、そういう意味でも新鮮でしたね。それから、このシリーズでは雨宮さんが女子高生をものすごく研究して描いているんです。おかげで自分も「女子高生も描けるぜ」ってなりまして（笑）、脚本家としての武器を増やせたという意味でも、いい経験でした。

シリーズの歩みとヒロインたちの成長に思いを馳せて

宮本侑芽 [宝多六花 役] × 上田麗奈 [新条アカネ 役] × 若山詩音 [南夢芽 役] スペシャル座談会

心のしこりが解消された作品

——まず『グリッドマン ユニバース』の制作が決まったときの気持ちと、台本を読んだときの感想を聞かせてください。

宮本　純粋にうれしかったです。同時に『SSSS.DYNAZENON』ではアンチが成長していたので「時間軸はどうなるんだろう？」というワクワクがあったんですけど、台本を読んで「そうきたか」という感じでしたね。『SSSS.GRIDMAN』の自然な感じと『SSSS.DYNAZENON』の派手さとか勢いがある感じが合わさっているのが、お祭りみたいで胸熱だなとも思いました。

若山　私も世界観がどう交わるのか気になっていたので「そういうことか、やられたー」みたいな印象でした。『グリッドマン』の世界がまだ広がっていけるっていう確信も持てたので、すごく素敵な世界観だと思いましたね。

上田　お話もそれぞれが綺麗に終わっていた分、続きが想像できなかったので、台本を読んでいてすごく楽しかったです。じつは、今作の制作決定を伺った当時は「アカネは出ないんだろうな」って思っていたんです。六花とちゃんとお別れして、現実世界で生きていく決意を固めたアカネですから、ここに戻ってくることはないのかなと思って。

宮本　私も、アカネとアレクシスはいなくなったと思って『SSSS.GRIDMAN』の収録を終えていたので、『グリッドマン ユニバース』でまた会えたことがすごくうれしかったです。裕太との距離が近づいたのも『SSSS.GRIDMAN』で不完全燃焼だった部分が完全燃焼したと思っていて、残っていた伏線を全部回収しているのがすごいなって。

上田　たしかに、みんなの心のしこりが全部解消されていくかのようなお話だよね。アカネも『SSSS.GRIDMAN』で六花とはお別れできたけど、アンチとはちゃんと言

宮本侑芽（みやもと ゆめ）

1月22日生まれ。福岡県出身。劇団ひまわり所属。主な出演作品は『ゴジラ S.P〈シンギュラポイント〉』（神野銘役）、『機動戦士ガンダム 水星の魔女』（ニカ・ナナウラ役）、『彼女が公爵邸に行った理由』（レリアナ・マクミラン／花咲凜子役）、『AIの遺電子』（樋口リサ役）など。

葉を交わすことがなくて、そのしこりは私自身にも残っていたので、今回アンチとのやりとりがしっかりあったのは救われた気持ちになりました。六花に対しては、言葉じゃなくてアクションだったのもグッときました。

宮本　あの指のシーンは素敵でした。髪の毛の描写もずるいよね。

上田　ずるいよね。台本を読んでいるときも感動したけど、絵のお芝居が本当に素晴らしかったと思います。

互いのキャラクターへの印象

——『SSSS.GRIDMAN』のおふたりは『SSSS.DYNAZENON』の夢芽にどういう印象を持っていましたか？

宮本　儚げだけど強気というところがすごく好きです。さらに、蓬と出会うことによって可愛らしい一面がどんどん見えてきて、いとおしいキャラクターだなと思っていました。

上田　ヒーロー感もヒロイン感もあるところが素敵だよね。お姉ちゃんのことを通じて、他のメンバーより死を近くに感じているからなのか「できることはやれるうちにやらなきゃ」と思える強さがあって、それが蓬のことを迎えに行くようなヒーロー感につながっているようにも思えました。でも、蓬たちとコミュニケーションを取っていくうちに弱さも見えてきて、蓬に引っ張ってもらうヒロインになるシーンが出てきたりとか、互いに支え合う関係を作り上げていく感じが、格好良くもあり可愛くもありという印象でした。

宮本　恋愛上級者だと思います。

若山　あれが!?（笑）

宮本　六花、裕太側からしたら大人だなって。

若山　たしかに、なんか思わせぶりなことをするのはうまいかもしれないけど（笑）。

——若山さんの『SSSS.GRIDMAN』ヒロインに対する印象はいかがでしょう？

若山　六花は根がすごく素敵で、媚びたりしなくてもいろいろな人に好かれるキャラクターだと思っていて、だからこそちょっと斜に構えたところがある夢芽とは仲良くできないと思っていたんです。でも、『グリッドマン ユニバース』では、六花さんの根が素敵っていうところと、夢芽も『SSSS.DYNAZENON』で成長したっていうことで「実際に会ってみたら壁なんかなかった」っていう打ち解け方ができました。アカネは不安定さというか、危なっかしい感じが夢芽に近いと思いますし、私自身もアカネに感情移入できるところがたくさんあります。

「変な自信」がついてしまった夢芽

——劇中でアカネと夢芽は出会いませんでしたが、もし会ったとしたら、どんな会話を交わすと思いますか？

上田　何を話すんだろう？（笑）

宮本　アカネはずっと「うっそー」って言っているとか（笑）。

若山　夢芽は「あ、神様なんですか」みたいな（笑）。もしかしたらアカネさんは夢芽みたいなタイプが嫌いかもしれないですし、わからないです。

上田　アカネは自分にコンプレックスがあって、本音を言いすぎて嫌われるのが怖い子だと思うから、ちょっと壁を作って接すると想像します。

若山　夢芽も、自分からは近づいていかないと思うんです。夢芽は『SSSS.DYNAZENON』での出来事を通じて、変に自分に自信がついてしまったと思っていて、その結果、相手に合わせたり、自分を曲げたりすることはしなくなっているんじゃないかなと。

——変な自信がついてしまった要因は何でしょう？

若山　間違いなく蓬でしょうね（笑）。六花さんとの会話はちょっと探り探りしゃべっていたのに「付き合ってます」っていうところだけ、すっごい自信ありげに言っていますよね。蓬にはとりあえず認められているという確信が、本質的に自分を認められているかは置いておいて、「なんとなく自分を認める」ことにつながっているんだと思います。

成長しても性格の根本は変わらない

——今回、TVシリーズでの成長や変化を踏まえて演じ方を変えた部分はありますか？

上田麗奈 (うえだ れいな)

1月17日生まれ。富山県出身。81プロデュース所属。主な出演作品は『私に天使が舞い降りた!』(星野みやこ役)、『鬼滅の刃』(栗花落カナヲ役)、『機動戦士ガンダム 閃光のハサウェイ』(ギギ・アンダルシア役)、『アイドルマスター ミリオンライブ!』(高坂海美役)など。

宮本　内海との会話が『SSSS.GRIDMAN』では売り言葉に買い言葉だったのが、お互い妥協点を見つけて話せるようになっていたりとか、ちょっと精神的に大人になった部分を感じたので、自分も前より作品を俯瞰しながら演じてみようと思っていました。

――『SSSS.GRIDMAN』とは違って、裕太が本来の裕太に戻っていますが、この点について意識しましたか？

宮本　台本を読んだときに、ヒーローという存在じゃなくなった、ひとりの学生としての裕太がすごく可愛く見えたりはしましたが、別人という意識はしませんでした。「ヒーローだった頃のことを意識すると裕太がやりにくいかな」と考えて六花は接すると思うんです。

若山　夢芽は『SSSS.DYNAZENON』での変化が大きかった分、『グリッドマン ユニバース』ではあまり変わっていなくて、『SSSS.DYNAZENON』最終回の延長線上という感覚で演じていました。ただ、最終回の時点ではまだちょっと不安定なところがあったのが、『グリッドマン ユニバース』ではよりどっしりした感じになったとは思います。

上田　アカネは、テスト収録では以前よりも勢いがある、六花たちを助けるために前のめりに戦う感じで演じてしまっていたんです。でも、「常に余裕がある感じで」というディレクションをいただいて「アカネは、アウトプットの仕方はあの頃から変わらないんだな」と気づきました。友達を助けたいとかグリッドマンを信じるとか、それをもし心から思えていたとしても、他人からはその気持ちが見えづらいのがアカネなのかなと。全編を通じて、熱量を持たない、どこか余裕で気持ちが見えないような感じになったかなと思います。

――気持ちが言葉に出ないのはなぜだと思いますか？

上田　素を出すのが怖いっていう性格が残っているのかな。性格っていきなり変わるわけじゃないので、もとの性格のまま、現実世界で友達を作るとか、六花たちを助けに行くとか、新しい一歩を踏み出しているのが今回のアカネなのかなと思いました。

――『SSSS.GRIDMAN』のとき、アレクシス・ケリヴには本来の性格で接していたと思いますが、今回は彼に対しても距離を置いた話し方をしている印象でした。

上田　あくまでも私のイメージなんですけど、彼に思い入れとか未練はもう持っていなくて、文字通り利用しただけなんだと思います。台本にも、アレクシスが倒れたあとでアカネがアップになるシーンに「すんとなるアカネ、元彼が死んだようだ、何も言うまい」っていうト書きが書かれていて、すでに過去の男なんだなって（笑）。

合体コールで表現される作品の雰囲気の違い

――収録で、何か印象に残っていることはありますか？

若山　『SSSS.DYNAZENON』では合体コールや技名を叫ぶとき、「せーの」って言ってぴたっと合わせるのが通例でした。でも、新世紀中学生の方々と一緒に収録させていただいたとき、皆さん合わせない方向で演じられていて、それがキャラクターの雰囲気に合っていてすごく素敵だったんです。あとから伺ったら『SSSS.GRIDMAN』のときに「むしろ合わせないでください」と言われていたそうで、何となくで感じていた『SSSS.GRIDMAN』ならではの素敵な雰囲気、『SSSS.DYNAZENON』との違いが、そういうところで生み出されていたんだと気づかされましたし、「合体コールは合わせるもの」という固定観念も変えていただけた出来事でした。

上田　『SSSS.GRIDMAN』のときはキャスト全員で録っていたんですが、今回はコロナ禍ということもあり、ほとんどひとりでの収録でした。アカネを演じるのも久しぶりで、収録にかなり苦戦したことをおぼえています。とくに魔法少女のように変身する前後のシーンは、つい明るく元気になりすぎたりして、なかなかうまくいきませんでした。

――グリッドナイトとのやり取りもひとりだったのですか？

若山詩音（わかやま しおん）

2月10日生まれ。千葉県出身。劇団ひまわり所属。主な出演作品は『空の青さを知る人よ』（相生あおい役）、『ハコヅメ～交番女子の逆襲～』（川合麻依役）、『リコリス・リコイル』（井ノ上たきな役）、『好きな子がめがねを忘れた』（三重あい役）など。

上田　あのシーンに関しては、ナイトと一緒に録ることができました。唯一、アカネの心の揺れというか本心みたいなものが香るシーンだったと思うので、一緒に録ることができて良かったです。

――アンチ、ナイトに対するアカネの意識は、母性なのでしょうか？

上田　『SSSS.GRIDMAN』のときは姉みたいに接するイメージが強かったんですけど、今回はお母さん味が強かった感じでしょうか。神でもあり、姉でもあり、母でもあり、さらには頭の撫で方を見るとわんちゃんと接しているようにも見えて、どうにもひと言では表せられない関係性ですよね。

宮本　『SSSS.GRIDMAN』はアドリブが多くて、その内容について（内海役の）斉藤壮馬さんと相談することがよくあったんです。今回も内海とアドリブで話すシーンがちょっとあって、内容を考えながらお芝居をするのが懐かしかったですね。

――アドリブだったのはどこか教えていただいてもいいでしょうか？

宮本　序盤、ジャンクの前で話すシーンの裏側でのやり取りです。お互い人の話を聞いていない、みたいな（笑）。それから、焼肉の場面では『SSSS.DYNAZENON』チームが裏側の会話をアドリブで演じていらっしゃいます。

若山　あそこは心臓に悪かったです（笑）。私はアドリブがあまり得意じゃないんですが、隣にいらっしゃった（蓬役の）榎木淳弥さんがばりばり話を振ってくるので、頭の回転が試されるような緊張感がありました。

『電光超人グリッドマン』への感謝が伝わる作品

――完成した作品を見た感想をお願いします。

宮本　涙が止まらなかった、本当に。

上田　うんうん。

宮本　終わっちゃうっていう喪失感と、プールを泳ぎ切ったあとの達成感みたいなものを同時に感じました。収録のときはすごく楽しかったなとか、いろいろな思い出がよみがえってきましたし、アカネがいなくなった世界でもみんなが成長している姿が見られて、いちファンとしてもうれしかったです。

上田　キャラクターの、心の中に残っているしこりみたいなものがどんどん解消されていくのを見ていたら、感動とともに、本当に終わるんだっていう実感も湧いてきました。

若山　見終わったときに、シリーズとしてはひと区切りになると思って寂しい気持ちになったんですけど、キャラクターにとっては、これが人生の始まりに近いのかなとも感じたんです。この子たちにはそれぞれ未来があるんだなと思えて、「人生の一部分を見せてくれてありがとう」っていう気持ちになりました。もっと一緒に歩んでいきたいし、未来のことも見てみたいと思うけれど、それは願いすぎなのかな、なんて。

――では、最後にご自身のキャラが登場しているか否かを問わず、気に入っていたり、印象に残っている場面を教えてください。

宮本　六花の「少しは迷ったりしろよ」っていうセリフですね。もし、裕太にまた何かあったらとか、取り残されたような気持ちが感じられて、裕太に対する本音がポロッと見えたところがすごく好きです。

若山　裕太が「何かおかしい」って学校の廊下を走るシーンが印象的です。「この映画はこうやって進んでいくんだ」っていうリズムができつつあったところで、全部ひっくり返される構成がすごく好きですし、絵のお芝居的にもトリガーさんらしさが出ていますよね。

上田　私は（『電光超人グリッドマン』で主人公の翔直人を演じた）小尾昌也さんが演じていらっしゃるキャラが、裕太をバイクに乗せてくれるシーンが好きです。雨宮監督をはじめとするスタッフの皆さんが『電光超人グリッドマン』を大好きだったから、このシリーズが生まれたっていうエピソードが思い起こされて、涙腺に響きました。これはあくまで私個人の妄想なんですが……この映画の「グリッドマンを救う」っていうストーリーから、『グリッドマン』への感謝を伝えたい、恩を返したいっていう制作陣の気持ちを感じられたような気がして、あらためて本当に素敵な作品だなと思いました。

〔 飛鳥川ちせ 役 〕 安済知佳

（あんざい ちか） 福井県出身。エイベックス・ピクチャーズ所属。主な出演作は『響け！ユーフォニアム』（高坂麗奈）、『クズの本懐』（安楽岡花火）、『リコリス・リコイル』（錦木千束）など。

――TVシリーズでのちせの成長、変化を踏まえて、演じ方を変えた部分はありましたか？

安済　演じ方を意識して変えたところはありませんが、心構えとして、ゴルドバーンからもらった勇気や想いを、ひとつ軸に入れ込むような感覚で収録に臨みました！

――六花とアカネに対する印象を聞かせてください。

安済　青春の具現化のような、どこか甘酸っぱさを感じる尊さがとても好きで、アカネに関しては、登場してくれただけでたぎる気持ちがありました！　ダイナゼノン組とはまた違う、ビビッドなキャラクター像が印象的です。

――アフレコで印象に残っていることを教えてください。

安済　ダイナゼノン組はもちろん、グリッドマン組とはやっと会えた感動がありました！　ちせとして「ダイナゼノン、バトルゴー！」を言えたのがうれしすぎて、アフレコが終わって、まず雨宮監督やスタッフさんに「言えてうれしいです、ありがとうございます」と伝えてしまいました（笑）。あとガヤもお題があって、ただ当たり障りのない会話をするのではない、あの掛け合いの楽しさは、このシリーズならではだな～と噛み締めていた記憶があります。

――印象に残ったシーンや好きなシーンを教えてください。

安済　アイスを買いに行くことになった裕太と六花の、学校の玄関を出たときの空気感がたまらなく青春を感じて大好きです。ブランコのシーンや告白までの廊下を歩くシーンもですが、お互いの気持ちが滲み出ていて、見ているこちらもソワソワしました。あとはアカネのナイト、六花との別れのシーン。指の動きだけで胸にくるものがありました。隊長との再会や、ひめの登場シーン、ちせの初バトルゴーは、ダイナゼノン組として外せない推しシーンです！

〔 ひめ 役 〕 内田真礼

（うちだ まあや） 東京都出身。アイムエンタープライズ所属。主な出演作は『乙女ゲームの破滅フラグしかない悪役令嬢に転生してしまった…』（カタリナ・クラエス）、『うる星やつら』（三宅しのぶ）、『スキップとローファー』（村重結月）

――ひめと、主な相手役となるガウマの印象をお願いします。

内田　ひめは『SSSS.DYNAZENON』ではガウマの記憶の中でしか描かれておらず、どんな人物なのか……私も探り探りでした。ですが、北海道物産展に現れたひめは、あっけらかんとバイトをしていて。いつも、ひめが一方的に話す関係だったのかなと思ったりしました。あのシーンだけですべてを察することはできませんが、映画のコマの中にたまに現れるふたりの姿が仲良さそうで、5000年前には笑い合っていたんだろうなぁとか、他愛もないことも話せたのかなぁとか、想像をしてしまいますね。

――ひめを演じる上で意識したことや難しかったことがあれば、教えてください。

内田　情報が少なかったので、まずはガウマさんがあそこまで惚れ込むのってどんな人なんだろうと考えました。5000年経っても忘れられないって、どんな関係だったのかなぁと思いを巡らせたりして……。でも、セリフの端々から「ひめ」という名前よりはフランクな印象を受けたので「コミュ力高そうなひめ」にしてみたらOKが出ました。セリフに滲み出る優しさと、愛があふれるように頑張りました。

――アフレコで印象に残っていることを教えてください。

内田　『グリッドマン』の現場には初めての参加なのでドキドキしていたのですが、録り終わったところの広瀬くんに遭遇して、パワーをもらえました！　そしてアフレコはガウマさんとご一緒しましたが、なんだかあまりおぼえていません（笑）。あっという間に終わってしまって寂しかったので、もっとひめを演じられたらうれしいですね！

――印象に残ったシーンや好きなシーンを教えてください。

内田　多すぎて選べないのですが……！　やっぱり最後の告白のシーンです。六花さんがかわいすぎて、ときめきが止まりません……！　顔を見せないでしゃべっているところとか、あえて表情を見せないところが、何を考えているのか、どんな気持ちなのか想像を掻き立てられて、結果はわかっていてもドキドキしましたね！

CAST INTERVIEW 04

〔怪獣少女／2代目 役〕 高橋花林

（たかはし かりん）神奈川県出身。青二プロダクション所属。主な出演作は『Dr.STONE』（スイカ）、『アイドルマスター シンデレラガールズ』（森久保乃々）、『チェンソーマン』（東山コベニ）など。

——怪獣少女と2代目を同じ作品で演じ分けるのは初めてですが、この点で難しかったことはありますか？

高橋　『SSSS.DYNAZENON』の収録段階で、ナイトくんと2代目は作品の中でも特殊な立ち位置であることを監督から伺っていましたし、『SSSS.GRIDMAN』からつながっている存在として捉えていたので、難しかったという印象はあまりないです。キャラクターの声の特徴も違うので、演じ分けはしやすかったかもしれません。

——演じる際に両者のつながりは強く意識しましたか？ それとも別個のキャラクターとして捉えましたか？

高橋　つながりはとても意識していました。ただ、不思議な感覚だったのが、まったくの同一人物だとも、並行世界の過去と未来だとも思っていたことですかね。言葉にするのが難しくて、過去と未来というのも少し違うかも……。劇中の「私たちも同期したのでしょう」というセリフがとてもしっくりきて、同じデータだけど形式や出力方法が違うみたいな、そういう風に捉えていました。同じものを持っているけれど表され方が違うので、ちょっと違う人でもあるというか。

——アフレコで印象に残っていることを教えてください。

高橋　広瀬くん、壮馬さん、侑芽ちゃんと同じアフレコグループだったので、最後の裕太と六花のやりとりを息を呑んで見守りました（笑）。青春って感じで、ニヤニヤしちゃいそうになったのが思い出です。

——印象に残ったシーンや好きなシーンを教えてください。

高橋　『SSSS.DYNAZENON』のときからちせちゃんが好きで、ちせちゃんの寂しさとか痛みに共感していたので、今作での「はーい、それではみなさんご一緒に！」がとっても好きなシーンでした。仲間だね、よかったね、という謎の親心みたいなものを感じました（笑）。あとはやはり2代目が変身するシーンですね。ウルトラマンみたいにズンズンズンと大きくなっていく姿が印象的です、しかも合体します！ 盛りだくさん！

CAST INTERVIEW 05

〔六花ママ 役〕 新谷真弓

（しんたに まゆみ）広島県出身。ケンユウオフィス所属。主な出演作は『キルラキル』（蛇崩乃音）、『宇宙パトロールルル子』（ミドリ）、『出会って5秒でバトル』（魅音）など。

——六花は、TVシリーズから少し大人になっていると思います。それを踏まえて、接し方や距離感を変えましたか？

新谷　「君たち、変わんないね～」からの「変わったわねえ」は、まさにいつの間にか成長した我が子を感じているセリフだと思いますが、頼もしいとかを通り越して、もはや六花のツッコミありきで楽しんでいるところはありましたね。

——『SSSS.GRIDMAN』のときに、アドリブをけっこう入れたというお話がありましたが、今回はいかがでしたか？

新谷　セリフのあとに間が余ったり、前の人のセリフのあと、自分まで間があるようなときはちょこちょこ入れていますね。個人的に気に入っているのは「なにそれギャグ？」です。あと、食事シーンのガヤは全員アドリブです。レックスが甲斐甲斐しく働いてくれていたり、レックスに最近ハマっている針美容の話をしたりしています。

——アフレコで印象に残っていることを教えてください。

新谷　侑芽ちゃんの独特なセリフまわしを隣で聞いた瞬間、「『グリッドマン』に帰ってきたなー!!」と強く感じました。我が娘、芝居うますぎ。本編の収録後に、着ぐるみショーで使うナナシBのボイス（ナナビィとナナシィ）も録ったんですけど、キャストさんやスタッフさんが、ちょっと呆れながらも温かく見守ってくださってうれしかったです。ヒーローショーの司会のお姉さんをやりたいという私の無茶な願いを、かたちを変えてかなえてくださった監督の義理堅さにも感激しました。

——印象に残ったシーンや好きなシーンを教えてください。

新谷　アレクシスを理想の彼氏だと思っているので、アカネくんとともに最高の登場と活躍をしてくれて情動がぶち上がりました!! アカネくんと六花が言葉を交わさず指遊びだけで関係を魅せるのも粋がすぎますね。あと、サウンドラスのシャッターが開いて2代目ちゃんのどデカ顔が出るところ。

CAST INTERVIEW 06

［ なみこ役 ］ 三森すずこ

（みもり すずこ）東京都出身。響所属。主な出演作は『ラブライブ！』（園田海未）、『少女☆歌劇 レヴュースタァライト』（神楽ひかり）、『ヒーリングっど♥プリキュア』（キュアアース／風鈴アスミ）など。

―― なみこと、相方であるはっすの印象をお願いします。

三森　そこら辺に本当にいそうな、普通の女子高生という印象でした。勉強がめちゃくちゃできるとか、なにか突出した能力があるわけでもなく、恋バナが大好きで、女子高生である今の自分たちが居心地良いという感じで、演じていても肩肘張らずに楽しく取り組むことができました。

―― 六花と内海はＴＶシリーズのときより成長している印象ですが、なみこ＆はっすの側に変化は感じましたか？

三森　なみこは髪が伸びたくらいで……あまり変わらず、学園祭に向けて楽しみながら準備しているなぁと微笑ましく思いました。劇のシナリオを仕切っているのが、とてもかわいらしかったです。ですが、はっすが以前より垢抜けていて、なにやら内海とも進展がありそうな感じで……「なみこ、もしかして遅れをとっている？」と姉心的にあせってしまいました。

―― アフレコで印象に残っていることを教えてください。

三森　裕太、六花、内海、はっすのメンバーでの収録で、劇中と同じくクラスルームみたいな賑やかさでした。久しぶりの再会でとてもうれしかったです。

―― 印象に残ったシーンや好きなシーンを教えてください。

三森　六花と裕太の公園のシーン。ドキドキしましたよね？ ふたりの距離感とか空気感にとてもドキドキさせられました。それから、浴室のお化けのシーン。違う意味でドキドキして、ビクってなってしまいました。でも、暦先輩の行方もわかって、スッキリしたシーンでした。

CAST INTERVIEW 07

［ はっす役 ］ 鬼頭明里

（きとう あかり）愛知県出身。ラクーンドッグ所属。主な出演作は『鬼滅の刃』（竈門禰豆子）、『ラブライブ！虹ヶ咲学園スクールアイドル同好会』（近江彼方）、『シャドーハウス』（ケイト）など。

―― はっすと、相方であるなみこの印象をお願いします。

鬼頭　はっすは常にマスクをしていたり、YouTuberをしていたりと、まさに最近のＪＫ！って感じの子だと思うので、しゃべり方も最近の若者である「さとり世代」を意識して、いつも気だるげにしていました。なみこは、はっすとは対照的で明るくて愉快な友達、ザ、フツー！ でも、空気を読むのが上手そうだなという印象です。

―― 六花と内海はＴＶシリーズのときより成長している印象ですが、なみこ＆はっすの側に変化は感じましたか？

鬼頭　ふたりとも見た目が少し変わっていました（笑）。なみこは髪が少し伸びていたし、はっすは髪の毛や服装が少し派手に……やはりYouTuberには見た目のインパクトや華やかさが必要なのだと思ったのでしょうか……。

―― アフレコで印象に残っていることを教えてください。

鬼頭　2回に分けて収録したうちの1回目の収録が、お子さんを産んだばかりの三森さんと一緒だったのですが、本当につい最近お子さんが産まれたって聞いたばかりだったので「もう仕事してる!?」とビックリしたおぼえがあります（笑）。ママになったばかりの三森さんと、最近のＪＫを演じるのがなんだか不思議な感覚で、やっぱり声優さんってすごいな、あと三森さんってすごいなとあらためて思いました。

―― 印象に残ったシーンや好きなシーンを教えてください。

鬼頭　内海とはっすのバッティングセンターでの会話。すぐにちせが登場したので、そっちに気を取られがちですが、なんでこのふたりがバッティングセンターで会話を!? たまたま会ったの!? ふたりで待ち合わせしてきたの!? といろいろな想像がふくらんで、ビックリしつつもニヤニヤしてしまいました。

グリッドマン ユニバース ヒロインアーカイブ

2023年8月20日　初版発行

カバーイラスト　原画：　中村真由美
仕上げ：入江千尋、野口幸恵
検査：　武田仁基
特効：　齋藤 睦（グラフィニカ）

取材·執筆　本澤 徹

装丁　阿閉高尚（atd Inc.）

本文デザイン　真々田 稔（rocka graphica）

撮影　大庭 元［P.96-P.100］

ヘアメイク　福島加奈子［宮本、若山］
矢澤睦美（Sweets）［上田］

協力［順不同］　麻生智義（円谷プロダクション）
小西洋平（円谷プロダクション）
濵口倫己（円谷プロダクション）
稲葉由梨（円谷プロダクション）
雨宮 哲（TRIGGER）
坂本 勝（TRIGGER）
中川真緒（TRIGGER）
志太駿介（TRIGGER）
宇佐義大（TRIGGER）
長谷川圭一
安野文左衣（ビットグルーヴプロモーション）
劇団ひまわり
81プロデュース
エイベックス·ピクチャーズ
アイムエンタープライズ
青二プロダクション
ケンユウオフィス
響
ラクーンドッグ

編集　串田 誠

編集協力　山本貴志、石川知佳
岡部充宏

監修　円谷プロダクション
TRIGGER

発行人　野内雅宏

編集人　串田 誠

発行所　株式会社一迅社
〒160-0022
東京都新宿区新宿3-1-13 京王新宿追分ビル5F
03-5312-7439（編集部）
03-5312-7421（販売部）
発売元：株式会社講談社（講談社·一迅社）

印刷·製本　大日本印刷株式会社

PRINTED IN JAPAN　ISBN978-4-7580-1830-2